Toros

Fundamentos y futuro
de un rito ancestral

FERNANDA HARO CABRERO

Toros

Fundamentos y futuro de un rito ancestral

ℑ

ALMUZARA

Editorial Almuzara • Colección Taurología
Director editorial Antonio Cuesta

Editorial Almuzara México
Director editorial Manuel Pérez-Petit
Consejo editorial de Almuzara México: Luis Bugarini (*presidente*),
Fernanda Haro Cabrero, Claudia Herrán Monedero, Raúl
Martiarena, Gabriel Mendoza García, María Eugenia Reyes
Jaramillo, Angélica Ruiz-Font y Nahum Torres.

Maquetación: Irma Martínez Hidalgo
Ilustraciones: Equipo Almuzara

www.editorialalmuzara.com
pedidos@almuzaralibros.com - info@almuzaralibros.com

Editorial Almuzara, s.l.
Ctra. Palma del Río, km 4.
Parque Logístico de Córdoba, c/8, nave L2,
14005 Córdoba, España

Imprime: Gráficas La Paz
ISBN: 978-84-10521-24-7
Depósito Legal: CO-191-2024

Introducción.
¿Por qué merece la pena revisar el conflicto actual entre taurinos y antitaurinos?

Hay varias preguntas a las que hemos intentado dar respuesta en este ensayo. La primera de ellas: ¿Por qué merece la pena revisar el conflicto actual entre taurinos y antitaurinos? La respuesta es breve, porque al hacerlo, al revisar este micro conflicto, se nos revelan claves que nos ayuden a comprender y, por tanto, evitar otros de mayores dimensiones.

En los últimos diez años se han recrudecido los debates en torno a la tauromaquia, que hoy pareciera gozar de menos popularidad. ¿Por qué entonces ocuparse de ella? La palabra «debate» no implica en su definición que habrá un perdedor, pero en la práctica se tiene por sinónimo de lucha por callar al otro, e incluso por reducirlo y vencerlo. En mucha ocasiones, los debates se han convertido en enfrentamientos que buscan el triunfo de uno sobre el otro. Hoy, un debate es un espectáculo, una manera más de exhibición, en el que el espectador dicta la sentencia de acuerdo a su propia postura.

En este asunto de los toros han faltado mesas de diálogo y análisis, escuchar a ambas posturas, porque los debates suelen estar plagados de gritos, interrupciones, ironía, sarcasmo, de ataques más que de ideas o argumentos. Nos han faltado razones y nos han sobrado sentires.

Soy profundamente taurina, pero comparto mi vida desde hace muchos años con un antitaurino. La mayoría de mis amigos y familiares no son taurinos tampoco, ni mis conocidos ni la gente con la que convivo; eso no ha sido un obstáculo para relacionarnos. Aún así reconozco que mi caso no es ejemplo de lo que ocurre, pues no son pocas las situaciones que con este tema son motivo de incompatibilidad y rupturas.

Decimos que es un micro conflicto porque los países con tradición taurina son apenas 8 de los 195 que existen en el mundo y están reconocidos por la ONU. O sea, que se trata de un conflicto menor, que ni de lejos impacta a la mayoría de la población mundial, que no tiene consecuencias económicas, políticas, psicológicas, patrióticas, sociales o culturales que incidan de una manera global o en ninguna problemática de dimensiones planetarias.

Mirarlo con detenimiento sí que nos permite observar y verificar en situaciones concretas, precisas y reales, el impacto e influencia de los radicalismos, los fundamentalismos, las divisiones, los desencuentros, que experimentamos de manera cotidiana en, prácticamente, cualquier situación que nos demande fijar postura o nos interpele. Desde dar un «me gusta» a una publicación hasta elaborar un documento que se muestre la opinión de un especialista y que sirva de referencia a las autoridades que lo solicitan.

Lo que aquí se propone es estudiar a fondo el desarrollo de este desencuentro que hoy ha pasado de conflicto a problema, a lucha que también nos presentan como irreconciliable y sin posibilidad de mediación. O uno u otro, no se puede ambos a la vez, pero la evidencia nos muestra que sí hay puntos de convergencia e incluso de coincidencia.

Cuando decimos lucha nos referimos a la batalla cultural que están dando los activistas de ambas posturas. Los antitaurinos y los taurinos. Si por la mente del lector en algún momento cruza la idea de que esto se reduce a que viva el toro o muera el toro, no solo está desinformado sino que está equivocado y quizá sus esfuerzos dirigidos a lo uno o a lo otro tengan el impacto que puede tener una cubeta de agua en un incendio: avivarlo o ninguno.

Tanto si usted es taurino como si es antitaurino, en este ensayo encontrará información que le será de utilidad. Si el asunto le toca de lejos o no le compete, puede leerlo desde una deliciosa postura neutral para divertirse con las jugarretas y desatinos de ambos grupos, que viven atrapados en creencias limitantes y contradictorias. O bien puede dejar este libro de lado y perderse de la radiografía acerca de cómo se conduce y manipula nuestra opinión en la actualidad para luego reducir las «grandes luchas» a un botín capitalizable política o económicamemente y nada más.

En la actualidad, tanto en Europa como en América, están vivos los debates acerca si declarar la fiesta brava como patrimonio cultural y protegerla o prohibirla y clausurar las plazas de toros. Sin ir más lejos podemos mencionar como ejemplo Cataluña, que prohibió las corridas de toros en 2010, pero hoy ya el Tribunal Constitucional de España ha declarado la medida inconstitucional, que debe ser abolida y reconsiderada. La cuestión rebasa el ámbito de la preferencia y toca los ámbitos culturales y legales. Hoy de nuevo vuelve a ser tema de interés después de la declaratoria de las corridas de toros como patrimonio cultural inmaterial de España en 2014.

Pero, advertencia: si continúa leyendo podría descubrir cómo esa supuesta superioridad moral que descansa en la idea de no comer carne y tratar a los animales como personas no vuelve moralmente superior a quienes lo hacen, pues se trata de solo eso, un supuesto que lo suma a las filas y filas de consumo de la «nueva conciencia», la que se puede adquirir fácilmente, solventando el costo, que es solo o mayormente económico. Con que usted compre el sinfín de consumibles que le ofrecen, done dinero a los grandes corporativos, dé «me gusta» a cuanto video o publicación de «animalitos»[1] se encuentre y, sobre todo, se trague entera y sin hacer gestos la mentira de que los humanos somos la plaga del mundo y como plaga lo mejor es que desaparezcamos. Aquí no se le invita a comer carne ni se le critica por no hacerlo. Al terminar el libro pro-

---

[1] El diminutivo aplicado a la palabra animales lejos de enaltecerlos o subrayar la magnificencia de su naturaleza, los minimiza, los sobaja y les da una condición de víctimas dirigida a producirnos lástima por ellos en vez de respeto.

bablemente seguirá siendo vegano o vegetariano y podrá seguir llenando su casa de animales, dado que es su elección, y es muy respetable como tal. Aquí le ofrecemos información sin gritos, insultos ni descalificación.

I. ¿POR QUÉ OCUPARNOS DE ESTE MICROCONFLICTO EN TORNO A LOS TOROS?

Mucho es lo que se ha dicho y escrito a lo largo de siglos de debate formal entre detractores y apologistas de la tauromaquia, por lo que la pretensión de resolverlo o zanjar el tema con una publicación en redes sociales, un artículo, un ensayo, un libro o una sentencia, exhibe además de ingenuidad, desconocimiento de la historia y del tema en sí.

Hablar de las fiestas de toros a simple vista resulta sencillo. Basta con indicar si gusta o no gusta. Si a eso sumamos que vivimos en los tiempos del opino, luego existo y que la opinión se va reduciendo cada vez más a un click en el botón de pulgar arriba o pulgar abajo, la tarea se complica aún más. Sin embargo, para ser precisos hay que puntualizar que opinar no significa conocer. Además, la opinión de alguien que se desconoce es prescindible. Tal como su etimología de origen latino (*opînîo*) nos indica, se trata de un sustantivo derivado del verbo *opînîonîs*, que se refiere al acto de generar una impresión, visión, criterio, punto de vista o juicio sobre algo.

Una opinión no es necesariamente verdadera, incluso puede considerarse dentro de los campos de la especulación y de la suposición. En el periodismo existe un axioma con el que podemos estar de acuerdo: los hechos son sagrados; las opiniones, libres, lo cual es compatible, si nos vamos a la Grecia clásica, con los planteamientos de Parménides de Elea o Platón, quienes consideraron la opinión como el conocimiento apriorístico, aquel que se genera en el mundo sensorial, el que obedece a los sentidos y la percepción, por lo que no podría tomarse como verdad. El sentir es propio de uno, del individuo. Por eso, la magia de sentirnos correspondidos o de compartir un sentimiento produce lazos y vínculos. Y aunque el sentir es real es también relativo, no universal. Sin embargo, cuando una opinión surge de la racionalidad del ser se manifiesta como pensamiento reflexivo, y sólo entonces se podría convertir en lo que para Platón sería un juicio, que ya se encuentra en una escala de mayor valía, porque los juicios son un filtro, una distancia prudente y los prejuicios son solo opiniones a las que hemos dado importancia, mayor o menor, pero importancia al fin, y personal.

Los encuentros entre el toro y el hombre son anteriores a cualquier forma de civilización. Se encuentran registrados y datan de la prehistoria.[2] Una muestra de ello se evidencia en las pinturas rupestres. Es muy probable que la relación entre ambos fuera venatoria para luego tornarse más cercana. El hombre logró domesticar toros, servirse de ellos para el consumo y el trabajo, lo que devino en su presencia cotidiana en las comunidades. Los acompañaban en sus jornadas para trabajar la tierra, eran la comida, la piel de su vestimenta, además de ser usados como ofrendas en celebraciones sacrificiales. El toro era visto como puente con la divinidad y como fuente viva de la existencia de lo sagrado: *el simbolismo mágico religioso del animal fue elemento siempre presente y del cual quedan testimonios que remiten hasta la prehistoria de la Europa pirenaica y mediterránea.*[3]

Lo que sí es pertinente señalar aquí es el encuentro entre los hombres y los antiguos *auroch*[4] o *bos taurus*,[5] especies hoy extintas y que son los antecedentes de los toros de lidia, así como la posterior veneración de las reses bravas y de forma específica

---

[2] Fernando Sánchez Dragó, en una entrevista sobre Cúchares.

[3] Ángel Álvarez de Miranda, *Ritos y juegos del toro*, Madrid, Biblioteca Nueva, 1998, p. 36.

[4] Nombres que dieron los celtas a los toros y que es la unión de las palabras «aur» (salvaje) y «och» (toro).

[5] Todas las especies del género *bos* descienden del *bos taurus primigenio*. De éste, descienden todas las razas de toros existentes. Estos datos los refiere José María de Cossío en el apartado «El toro en la zoología», contenido en su obra *Los toros. Tratado técnico e histórico*, Espasa Calpe.

del toro como dios solar para los asirio-babilónicos, como dios vivo para los egipcios, como potencia creadora y fuente de vida para los hindúes, como fuerza, símbolo de fertilidad y del trueno de lo masculino en tanto encarnación de Zeus y de lo oculto, lo latente, la pasión y lo irracional como encarnación de Dionisos para los griegos.

A lo largo del tiempo, el toro como animal, como Dios y como alimento, es una figura constante en las diferentes civilizaciones. Pasó de enemigo y rival de los hombres del neolítico[6] en la conquista por el territorio a convertirse en deidad. Su presencia ha sido importante y permanente. Las pinturas rupestres de las cuevas de Altamira y en otros puntos de Europa, las representaciones escultóricas y los tótems que de él encontramos en la península Ibérica, así como algunas máscaras africanas nos muestran cómo fue transformándose su relación con los hombres. Se convierte de enemigo natural a dios engendrador a dios dispensador de la vida y de la muerte. El toro es para algunas culturas una deidad solar y masculina, y para otras lunar y femenina. En los cultos asiáticos, o en casi todos ellos, aparece ligado a la muerte. Los cretenses lo vinculan con la fuerza bruta y la generación de la vida. En las civilizaciones antiguas, su caza se envuelve en rituales que finalmente se convertirán en encuentros con un dios, con la muerte y con la vida. Para el estudioso de los ritos y juegos del toro Álvarez de Miranda, la clave reside *en que el aspecto*

---

[6]   Néstor Luján, *Historia del toreo*, Barcelona, Destino, 1954.

radical no es la aventura teológica de ciertos toros-dioses, sino en la intuición del poder misterioso del toro.[7]

Este vistazo a la relación entre los toros y los hombres conduce al primer elemento relacionado directamente con la fiesta brava: las taurocatapsias, que son los juegos y acrobacias realizadas con el toro a cielo abierto, y las tauromaquias, que se hacen en espacios cerrados.[8] Ambas formas fueron practicadas con variaciones tanto en la civilización minoica, caracterizada principalmente por su inclinación hacia lo femenino, como en la asirio-babilónica, hacia lo masculino. El carácter simbólico del toro se mantiene en el presente a través de muchas y constantes representaciones artísticas que perviven.

Para concluir con esta reflexión diremos que el toro ha sido utilizado como víctima de sacrificios desde la antigüedad por las distintas civilizaciones y que del contacto con él o de su sola presencia se desprende su vínculo con la divinidad. Es así como ilustramos el tránsito de este encuentro con este animal: venatorio, doméstico, sagrado, militar y espectacular.

La frecuencia de los encuentros entre el toro y los hombres no fue lo que posibilitó la existencia de las corridas, pues éstos se fueron tornando más ricos al adquirir dos matices sobresalientes: el místico y el de la diversión. Los acercamientos permitían la excepción y la fiesta sacando de lo cotidiano la figura del toro, a la par que lo dotaban de un sentido más profundo. La figura de este animal no es ajena a las

---

[7] Ángel Álvarez de Miranda, *Ritos y juegos del toro*, Madrid, Biblioteca Nueva, 1998, p. 139.
[8] Ídem.

civilizaciones antiguas o ancestrales y su presencia sigue siendo una constante en el mundo, aunque los toros de lidia, descendientes de los antiguos *bos* y *auroch,* no son comunes en todos los países.

De las luchas y los juegos con estos animales bravos tan primitivos surge la lidia taurina y comienzan las fiestas en la península Ibérica. Las corridas son una práctica cultural que se desarrollaba y ocurrían en España, Francia, Portugal (en contadas ocasiones se llegó a dar en Italia)[9] y en el Nuevo Mundo. Tan pronto como surgió la lidia surgieron también sus detractores.

La tauromaquia, la fiesta brava, las corridas de toros, el rejoneo, los festejos de recortadores, los juegos con toros, la tauromaquia popular, no son ni han sido gusto de la mayoría ni tienen por qué serlo. A lo largo de la historia de la humanidad se han presentado distintas variantes del culto al toro. Desde hace varios siglos en la tauromaquia y desde que ésta surgió, aparecieron con ella sus detractores, o sea, desde su génesis hubo quienes se oponían a su celebración por considerarla peligrosa para sus participantes, por temor a los accidentes y a los desmanes que se podían presentar durante su realización o,

---

[9] Se eligió un pontífice español valenciano —aficionado y heredero cultural de las tradiciones y costumbres españolas—, conocido como Alejandro VI. Se trataba de Rodrigo de Borja, o Borgia, que fue como su apellido se italianizó y se conoció. Hubo también otros papas aficionados a las fiestas con toros como Julio II o León X, pero ninguno tan poderoso como Alejandro VI. Por este Papa fue que en Roma se tuvo conocimiento de las fiestas y no por las noticias o la correspondencia que llegaba de España, según vemos en Néstor Luján, *Historia del Toreo, op. cit.* p. 64.

sencillamente, porque la encontraban repugnante. Esto no es nuevo ni obedece necesariamente a que la gente sea más civilizada o más consciente. No es una creencia expansiva porque nos hace perder la referencia histórica y auto engañarnos creyendo que estar en contra de la fiesta es signo de modernidad.

Si bien ambas posturas coexisten desde el inicio, el debate, la discusión formal en esta materia, no es sino hasta el siglo xviii que encontramos los primeros documentos escritos esgrimiendo argumentos a favor o en contra de su celebración. Desde que surgen los enfrentamientos de humanos con toros hubo a quienes le gustaron y a quienes no, quienes participaban en ellos y quienes no, quienes los disfrutaban y quienes los padecían, pero es curioso que antes de surgir un debate formal ya había surgido la polémica y hasta se había logrado en algunos casos su prohibición. En esta polémica detectamos tres principales argumentos en contra de la fiesta brava: los de orden religioso, los de orden económico y los de orden político. Las posturas ecológicas se limitaron a su ámbito directo y se resumían en dos, el beneficio o perjuicio del campo con la ganadería.

En todas las épocas se expresaron críticas hacia la fiesta de los toros que se pueden corroborar en los *documentos de las cortes castellanas, pero van en sentido de los abusos cometidos por los comisarios, tesoreros que se quedaban con una parte de las ganancias por correr toros,*[10] es decir, no se trata de cuestionamientos a la

---

[10]   Beatriz Badorrey, *Otra historia de la tauromaquia: toros, derecho y sociedad*, Madrid, boe, 2017, p. 308.

práctica de correr toros en sí misma.[11] Es en el siglo XVIII dónde surgen las bases y la estructura formal y oficial de la fiesta brava tal como la conocemos hoy. No solo cambian los protagonistas y se pasa de manera formal del toreo a caballo al toreo a pie,[12] también surgen los primeros reglamentos, los tratados sobre tauromaquia, las primeras grandes figuras del toreo. Es también el momento donde las posiciones taurinas y antitaurinas quedan ligadas al devenir político y económico de los pueblos y regiones en que se practican.

La presente investigación retoma esta pugna y toma como referencia el momento mismo en que se volvió una discusión formal, es decir, el siglo XVIII, periodo en el que la costumbre de correr toros se transforma, se profesionaliza, se regula, se norma y se discute. La Ilustración, al cuestionar la costumbre de correr toros, provocó que se instituyera y se transformara como práctica cultural.

La discusión ha estado vigente desde entonces, no solo porque a partir de esa época deviene la fiesta brava casi sin cambios, tal como la conocemos en la actualidad. Las puntualizaciones, regulaciones, sanciones, observaciones y consideraciones que de las corridas de toros se hacen durante el siglo XVIII

---

[11] Las corridas de toros en el siglo XVIII novohispano han sido abordadas por autores como Juan Pedro Viqueira en Beatriz Badorrey, «¿Relajados o reprimidos? Diversiones públicas y vida social en la ciudad de México del Siglo de las Luces», *Otra historia de la tauromaquia: toros, derecho y sociedad*, y de manera extensa por Benjamín Flores Hernández.

[12] Para mayor precisión, revisar los trabajos de Rafael Cabrera Bonet y de José Campos Cañizares.

son las que la irán dotando de orden, normativa, legislación, regulaciones y cánones, de lo que hoy llamamos tauromaquia. A partir de la Ilustración, lo racional se convirtió en la aspiración general. A la luz de la razón es que se podría juzgar o elegir. Quizá porque la pretensión rebasaba el plano del conocimiento y se quería alcanzar la civilidad por medio del pensamiento. A lo largo del siglo de las luces se puede encontrar gran variedad de ejemplos y casos concretos en los que el misticismo de la fe se vio suplantado por la mística de la razón y la ciencia se convirtió en la prueba irrefutable de un orden, un código o un patrón que existe y al que debemos sujetarnos. El siglo XVIII, por tanto, es el periodo en el que se ve instituida la fiesta brava, tanto en España como en las provincias americanas de ultramar de la corona española. El pensamiento que imperó durante esta época sigue siendo válido o sirve todavía de sustento para la normativa, la teoría y el entendimiento de lo que es la fiesta de toros como la conocemos en Occidente: la razón sigue primando. La razón, ahora como antes, es la fuente y soporte de lo que consideramos verdadero o que realmente existe, mientras que las corridas de toros siguen apelando a nuestra emotividad.

Cabe ahora señalar un hecho que se puede verificar buscando en los registros de los distintos países con celebraciones taurinas: hasta el día de hoy no ha habido ningún intento de imponer las corridas de toros, la fiesta brava o la tauromaquia a la totalidad de una comunidad en ninguno de ellos. Es decir, no se ha solicitado ni propuesto multa, pena de cárcel o sanción alguna para quien no guste de

27

ellas o no participe voluntariamente en las mismas. Al contrario, la comunidad taurina a lo largo de la historia lo que ha hecho es defenderse, protegerse de las prohibiciones y ataques, pero no ha buscado obligar a que guste la tauromaquia, a que se asista a las corridas o que se castigue a quien no las consiente, no participe, no acuda o se manifieste en contra de estas celebraciones. ¿No es interesante que esta comunidad de «bárbaros, sádicos, retrógrados, que atropella los derechos de otros seres»[13] no haya intentado imponerse a los que no son como ellos?

La primera prohibición oficial fue de corte religioso, iba dirigida al clero y se encuentra en los cánones 14 al 17 del IV Concilio ecuménico de Letrán,[14] de 1215, que se emplea contra las irregularidades del clero: incontinencia, ebriedad, caza, asistencia a farsas, exhibiciones histriónicas y participar en los juegos con toros. Con anterioridad a esta hubo señalamientos y sanciones que buscaban evitar la presencia de los sacerdotes católicos en las plazas de toros y en donde hubiere juegos con toros para evitar extrañamientos o dar mal ejemplo a los fieles, y eludir así situaciones escandalosas en las que se pudiera involucrar a la Iglesia católica. Este tinte religioso en las prohibiciones generales en materia

---

[13] Estos calificativos suelen observarse con frecuencia en muchas manifestaciones, entrevistas, foros y publicaciones de quienes se oponen a la tauromaquia. Aquí se utilizan de manera traviesa para abrirnos a la posibilidad de que quizá la percepción que se tiene de los taurinos sea al menos un poco exagerada.

[14] Beatriz Badorrey, «Otra Historia de la tauromaquia: toros, Derecho y sociedad (1235-1854)», *Boletín Oficial del Estado*, Madrid, 2017.

taurina se mantuvo durante el siglo XVII, aunque de manera indirecta en su redacción se pronunciaban en general contra los juegos con toros por comprometer la vida y la integridad física de los participantes, puesto que el cuerpo era considerado templo del Espíritu santo. Lo que se criticaba o señalaba era el hecho de no cuidar la vida como don divino y se cuestionaba el juicio de quienes asistían a presenciar tales «desatinos». En esa época, exceptuando las bulas, quede claro, las prohibiciones iban dirigidas de manera específica al clero.

La sanción más fuerte que ha recibido la fiesta brava a lo largo de su historia[15] data de 1567 cuando el 1 de noviembre el Papa Pío V promulgó la famosa bula *De Salute Gregis,* por medio de la cual lanzaba excomunión *ipso facto,* es decir, *latae sententiae,* contra todos los príncipes, autoridades civiles y religiosas que permitieran la celebración de corridas de toros en su jurisdicción. En parte, la gravedad de la sanción residió en el hecho de que el más alto jerarca de la Iglesia Católica y quien detentaba el máximo poder en el mundo conocido de entonces se ocupara de un asunto «local» de competencia española y portuguesa, es decir, territorios periféricos de su jurisdicción.

Desde entonces, el rumbo ha sido el mismo: a alguien «de fuera», a un ajeno, le escandaliza o le horroriza y decide tomar acciones, sin mayor conocimiento del tema. La de Pío V siendo la sanción más grave nunca prosperó. En

---

[15] Íbid.

29

su misma rigidez y radicalidad descansaba también su fragilidad, ya que resultó demasiado extrema para poder cumplirse con cabalidad. Recordemos que por aquel entonces en España había tantos católicos como aficionados a los toros. Cumplir la bula significaba perder fieles y poner en entredicho la autoridad del Papa. Era tanto como poner a elegir a los fieles entre ir a misa o a los toros, ¿usted qué elegiría en ese contexto?

La bula resultó muy ambiciosa, los propios teólogos se encontraban entonces divididos entre quienes se oponían a la licitud de la fiesta y quienes la encontraban no solo legal sino pertinente. La medida no fue recibida con agrado y el monarca español, Felipe II, tuvo que excusarse ante Su Santidad por hacer poco o nulo caso a semejante prohibición, la cual comprometía de manera muy seria la relación entre la corona y sus gobernados. ¿La medida lo podría debilitar? Si así fuera tendría mucho sentido que siguiera ocurriendo, la tauromaquia fuera usada como moneda de cambio y se estuviera buscando convertir la afición taurina o la no afición en botín político. En fin, mientras Felipe II lograba negociar con el Obispo de Roma consintió que se siguieran realizando las celebraciones pero con vacas en vez de con toros para no incumplir la bula. Brillante jugada, no hay duda, y ese as bajo su manga pilló a todos por sorpresa. Y es así que los festejos con reses bravas continuaron hasta 1575, cuando el sucesor de Pío V, Gregorio III, promulgó *Exponis Nobis*, decreto en el que levantaba la pena de excomunión contra las personas y autoridades que organizaran, participaran o permitieran corridas de toros.

Si la medida no se cumplió en realidad en España y Portugal, en el Nuevo mundo apenas se tuvo conocimiento de ella. Nada cambió: los festejos siguieron y los clérigos contaban con sus palcos y lugares especialmente asignados para que pudieran disfrutar de las corridas, aunque algunos miembros de la Iglesia novohispana no veían con buenos ojos la tan arraigada costumbre de correr toros y promulgaron luego algunas disposiciones en las que se proponían sanciones para los miembros del clero que asistían o formaban parte activa, tal como encontramos, sin ir más lejos, en registros procedentes de las constituciones, promulgadas en 1604, del Concilio provincial de Sevilla de 1512, como de igual modo se encuentran en los concilios provinciales de la Ciudad de México (1555, 1565 y 1585), entre otros en numerosos lugares y jurisdicciones que se llevaron a cabo como consecuencia de las disposiciones del Concilio de Trento (1545) y fueron permeando en las cortes de Castilla y allende el mar.

Las prohibiciones siguieron a ambos lados del Atlántico, pero «progresaron»,[16] rebasaron el ámbito religioso y se instauraron en las Cortes, al grado de que los propios monarcas españoles fueron quienes las decretaron. La monarquía no ha estado históricamente solo a favor de la tauromaquia, sino que ha ido cambiando de acuerdo a lo que mejor se acomodara a su interés particular en cada momen-

---

[16] La palabra *progreso* me produce un cosquilleo; entendemos con ella lo que nos conduce a algo mejor, pero si miramos bien, a veces nos conduce a algo peor. No todo lo que se hace en aras del progreso implica la consecución de un bien.

to. Esta conclusión no es una crítica, es un ejemplo que sirve para ilustrar la relación del poder en el trono con las corridas de toros, pues a veces las ha impulsado y a veces las ha suprimido. Para muestra, la prohibición de 1704 de Felipe V de correr toros en Madrid, que se mantuvo vigente hasta 1725, cuando él mismo volvió a permitir los encierros. O aquella otra de 1754, de Fernando VI, que también prohibió las corridas de toros, excepto aquellas que se organizaran con fines benéficos, o la Real pragmática de Carlos III, que fue decretada en 1785, entre otras disposiciones. Sin embargo, y como a toda acción corresponde una reacción, para burlar todos estos decretos se corrían toros y novillos de cuerda, a los que no se daba muerte, por lo que seguían corriéndose reses bravas. La observancia de esta medida, pues, fue, de nuevo, relativa. Todavía vinieron más prohibiciones, como la de 1805, de Carlos IV, en que el rey, mediante otra Real pragmática resolvió abolir estos espectáculos bajo el argumento de que eran poco conformes con la civilidad, quedando abolidas en todo el reino y sin excepción de la corte las fiestas de toros y novillos de muerte.

Pero la historia es larga. Siglos antes, durante el reinado de Alfonso X El sabio aparece la primera disposición con carácter oficial en contra de las corridas de toros, contenida en el código de las Siete Partidas, en el que por primera vez existe un pronunciamiento legal[17] por parte de la corona respecto de

---

[17] Atención juristas y abogados: cuando argumenten a favor o en contra lo hagan conforme a Derecho y no con base a filias y/o fobias.

las corridas de toros en el que además se establecen sanciones concretas para quien promoviera dichos espectáculos, asistiera o participara de ellos, lo que hoy conocemos como implicaciones legales y civiles en contra de las corridas de toros bajo argumentos de tipo moral o religioso.

En los virreinatos de la corona española también hubo diversas épocas de suspensión y otras de gran auge. La celebración de corridas era habitual, pero dependía en gran medida de las preferencias del virrey en turno, de algunos obispos y arzobispos y de la tensión o distensión que hubiera en las relaciones entre la Iglesia y el Estado.

En América, se sentían o se sabían españoles o castizos, que era el ideal de vida. Ambas posturas, la taurina y la antitaurina, dependían en gran medida de una cercanía o lejanía respecto de quien ejerciera el poder o de la máxima autoridad en turno. Al atacar o defender a las corridas de toros, se atacaba o defendía también a la autoridad, dado que ésta mantenía un pronunciamiento respecto de las mismas y, por lo tanto, se cuestionaba o apoyaba su posición y su quehacer. Al aplaudir o repudiar las corridas de toros, se aplaudía o repudiaba a la Corona.

Tras el proceso de independencia de los territorios de la corona española en América, estos vaivenes normativos prosiguieron. En México, el 28 de noviembre de 1867 el presidente Benito Juárez promulgó un decreto que entró en vigor el primero de enero de 1868, y en cuyo artículo 87 se lee: «No se considerarán entre las diversiones públicas permitidas, las corridas de toros; y por lo mismo no se podrá dar licencia para ellas, ni por los ayuntamientos, ni por el gobernador del Distrito Federal, en ningún lugar del mismo». Esta prohibición estuvo en vigor 18 años, hasta que la derogó el presidente Porfirio Díaz. ¿Qué argumentos morales, religiosos, civiles o ecológicos la sustentaban? Ninguno. Se prohibían las corridas de toros bajo un argumento político y de propaganda en favor del gobierno mexicano que buscaba deslindarse y apartarse de todo aquello que con anterioridad fuera del agrado de Maximiliano de Habsburgo o su mujer, Carlota, o que aludiera al Imperio y a sus figuras.

Volvieron las corridas de toros con gran predicamento y por más de 29 años los festejos taurinos se celebraron sin interrupciones por todo el territorio mexicano, hasta que en 1916 el presidente Venustiano Carranza las volvió a prohibir de nuevo, esta vez a petición y solicitud del gobierno de Estados Unidos, que incluyó entre sus muchas medidas y peticiones para reconocerlo como presidente legítimo de México de corte económico, legal, geográfico y político, la prohibición de las corridas de toros. ¿Por qué? ¿Qué amenaza suponía para los estadounidenses la celebración de corridas fiestas de toros en México? Quizá la sombra de la corona española, pero no lo sabemos, el caso es que Carranza cumplió con todas las exigencias del vecino del norte. En su decreto se esgrimía como principal un argumento moral ya conocido de sobra: evitar exponer la vida sin necesidad y la de otros seres vivientes, y alguno de nuevo cuño: que las corridas provocaban entre la población mexicana sentimientos sanguinarios. Tal como lo leen, como si no hubiese habido en la época prehispánica sacrificios humanos, por ejemplo. En la actualidad, como paradoja, algunos de los estados de la República Mexicana en los que se encuentran prohibidos los espectáculos taurinos son también los que presentan los más altos índices de violencia. Y es curioso observar que otros estados con altos registros de celebraciones taurinas, como Yucatán, presentan los más bajos índices delictivos y de inseguridad. Luego la correlación entre ambos de acuerdo a la evidencia sería a la inversa.

Podríamos seguir con los distintos momentos en los que la fiesta de los toros se ha visto suspendida, prohibida o abolida. La lista es larga porque las prohibiciones siguieron no se han detenido nunca hasta el presente. No se trata de enumerar todas y cada una de ellas. En primera instancia, constatamos que ha sido considerada una solución viable desde hace varios siglos, aunque la historia nos muestra y demuestra no resuelven el fondo de la problemática si es que la hubiera realmente, puesto que lo que median en ella son, en realidad, factores políticos, económicos, religiosos o intereses específicos de grupos que han aspirado o aspiran a detentar el poder en cualquiera de sus formas. Y aun cuando se llegan a cumplir, no logran erradicar la afición taurina y al final ésta resurge con mayor ímpetu.

Por otra parte, la inconformidad o disgusto respecto de la tauromaquia existe, como ya hemos visto, desde el momento mismo en que ella surgió Dicho debate no aparece no obstante hasta el siglo XVIII y perdura al día de hoy, pero los argumentos van cambiando no solo en su forma sino en su esencia. Al comienzo se condenaba el enfrentamiento con toros bajo la premisa de cuidar la vida humana en su calidad de don divino, de no exponer el cuerpo a un peligro innecesario. Luego, el conflicto fue la paga de los toreros, el hecho de cobrar por exponerse ante el peligro de un toro, y más adelante, el respeto a los acuerdos y contratos firmados, o por los desmanes que se producían alrededor de las plazas y cosos. Pero a todos y cada uno de ellos se fueron encontrando salidas en las que iban encontrándose puntos de encuentro, acuerdos, mediante las posturas que se pronunciaban a favor o en contra.

Hasta aquí, pues, los antecedentes de la polémica, que no solo sigue sino que por épocas se aminoran o intensifican, siendo éste el caso de nuestra realidad actual. ¿Por qué?

Se supone que ha aumentado la conciencia, que somos más civilizados, que nos comunicamos más y mejor, que hemos aprendido de nuestros fallos, que contamos con más recursos, herramientas, que tenemos la ciencia, la razón, la evidencia. ¿Cómo explicarnos que esta situación haya alcanzado los niveles de rispidez y tensión que hoy experimentamos?

Pero, ¿cuál es el conflicto actual en materia de tauromaquia? Hay un sector de la población que pide, solicita, exige y demanda que se prohíban las corridas de toros y hay otra parte de la población que no quiere que se prohíban. El entramado y los entretelones del conflicto son bastante más complejos. ¿Quién alimenta esta polémica y para qué? ¿Qué se gana o se pierde si se prohíbe la tauromaquia?¿Quién se está beneficiando del conflicto? Para poder reflexionar sobre las posibles respuestas a estas interrogantes nos apoyaremos en la ciencia, la razón, la evidencia y el lenguaje, usándolos como puentes para una posibilidad de entendimiento. Y si entendemos que la cuestión va más allá de que gusten o no de las corridas, dado que tanto taurinos como antitaurinos son «usados» y azuzados unos contra otros, nuestros entendimientos se van conectando.

Desmontando mitos y cotejando evidencias

La tauromaquia es una actividad legal normada y regulada, a la que se asiste de manera voluntaria, y para acceder a una plaza de toros la mayoría de las veces se requiere el previo pago de una localidad. Cuando el acceso es gratuito, no se obliga o impone la asistencia a la población en general, ya que se trata de una invitación abierta a quienes lo mismo acudirían pagando una entrada, es decir a quien le gusta, a quien tenga curiosidad, a quien le interese o a quien le apetezca.

Si la tauromaquia es legal, ¿por qué querer prohibirla, por qué renunciar a un derecho conquistado que alcanzó ya el reconocimiento legal? Aquí la respuesta ya se torna más compleja, empezando por la más obvia: porque no les gusta lo que creen (muchos antitaurinos ni siquiera han asistido a un festejo de toros ni lo harán) que se hace con el toro. Desde su convencimiento —por lo general infundado— al toro se le tortura, se le maltrata para regocijo y divertimento de unos cuantos. Aquí alguien podría agregar y con mucho tino: *yo he visto fotos, imágenes y videos de lo que se hace al toro*, e incluso algún otro más podría decir: *yo he leído todo eso que les hacen a los toros antes de salir al ruedo para darle ventaja al torero, quien además es un asesino porque mata a los toros, ya que el toro sufre, porque es una crueldad,* o *Sé de esto porque he visto videos y he leído libros.* No obstante, quien sostenga o afirme que se lesiona o merma a los toros para que salgan al ruedo disminuidos desconoce que existe la normativa taurina y que en los reglamentos se contemplan sanciones y multas para quien se atreva a dañar a los toros.

Vamos a poner otro ejemplo: ¿usted consulta a un médico otorrino sobre cómo se trata el cáncer de próstata, del protocolo que se tiene que seguir, de las dosis de medicamento que se tiene que tomar el paciente, de cómo curarse o de cómo se enferma más?, ¿qué resultados obtendría en cambio sí pregunta lo mismo a un oncólogo que trata a los pacientes de urología en el Hospital general? Ambos son médicos, ambos conocen del tema que a usted le interesa, pero uno solo de manera superficial y otro a fondo, y además tiene el plus de la experiencia y de la práctica médica. Si usted conversa sobre el toro bravo con un médico veterinario que tiene más de 30 años estudiando al toro, investigando sobre sus particularidades, y si habla con un veterinario de pequeñas especies que no ha estado ni cerca del ganado de lidia, es probable que le respondan de manera muy distinta.

Algunas otras veces las acusaciones lanzadas contra la tauromaquia proceden de publicaciones anónimas, y/o se apoyan en dibujos o caricaturas, porque si hubiera pruebas antes de publicarlas y «exhibirlas» se debería seguir un proceso legal, lo que implica hacer la denuncia correspondiente, firmarla, que se consigne a los involucrados, estar pendiente y mantenerse cooperador como denunciante, que se enjuicie y sentencie a los consignados.

Cuando no es así, resulta difícil de comprender por qué se le da una importancia tan grande a una acusación sin pruebas, sin acusados y sin delito. En el mejor de los casos se acusa a «los taurinos» que son todos y ninguno, se despersonaliza la acusación y se diluye de este modo la responsabilidad. Los taurinos pueden ser dos o millones, así que esto es lo que se conoce también como una acusación al viento.

Respecto a las imágenes, durante mucho tiempo hemos cargado con la sentencia de que una imagen vale más que mil palabras pero vivimos en tiempos en los que casi cualquiera puede manipular una imagen, así que dicha cualidad se ha perdido. De no ser así estaríamos expuestos a una cantidad intolerable de engaños. Durante la pandemia de la Covid-19, con el desarrollo y el auge de las plataformas de videoconferencia a más de uno nos ocurrió que se nos congelara la imagen con una expresión en una mueca fea, chusca, desagradable o comprometedora y si no fue a nosotros, a personas cercanas o conocidas. Sabemos que el instante que capta la cámara, puede no ser veraz y que la imagen comunica en función del contexto en el que ocurre. Sustentar acusaciones de daño y lesiones a los toros con fotografías o publicaciones que no tienen sustento científico ni académico, sin autor, sin fecha, ¿qué validez pueden tener si carecen de los requisitos para considerarse evidencia?

Volviendo sobre el lenguaje oral —y a veces escrito—, por ejemplo, se habla de «los derechos de los toros» en las quejas contra la tauromaquia. Aquí caben varias consideraciones: hablar de derechos de los toros implicaría que los mismos tienen obligaciones, ¿cuáles son?, ¿dónde se puede verificar que existen? ¿Solo los toros tienen derecho y no así las vacas, novillos, erales, utreros…? Porque la expresión no se refiere a la especie ni a la raza, se reduce a un grupo dentro de la especie bovinos y a la raza que es ganado de lidia o bravo. Podríamos aquí seguir explorando en las imprecisiones de no reconocer que el hecho de que las personas, los ciudadanos y los sujetos jurídicos tenemos responsabilidades para con los animales. Si los animales tuvieran derechos, serían entonces sí, sujetos de obligaciones. ¿Y a qué se les puede obligar por ley a los animales? De nuevo echaremos mano de la evidencia. Busquemos a quién se demanda y/o se enjuicia cuando un animal ataca a una persona o causa un daño, ¿al animal en cuestión o al dueño o responsable? ¿Cómo podría un animal reparar el daño causado?

Todos estos planteamientos se pueden evitar si utilizamos el lenguaje de manera asertiva. Existe en materia legal el Derecho animal que no es lo mismo que los derechos de los animales. Y aquí un dato, en realidad un reto: encuentren la declaratoria universal de los derechos de los animales en el sitio web de la ONU o de la UNESCO. La declaratoria existe, pero la Liga internacional de los derechos de los animales ni siquiera tiene un sitio web, lo que nos lleva a cuestionarnos la validez de citarla o referirla en alegatos jurídicos y a cuestionar la preparación de las autoridades que la citan como referencia o norma oficial. Se trata, pues, de un documento apócrifo, pues me puse a la tarea de preguntar por el mismo a la Biblioteca de la ONU, recibiendo como respuesta que no hay resultado alguno en la búsqueda «derechos de los animales» en su acervo, y que consultara a la de la UNESCO, de donde recibí la notificación de que tampoco cuentan con la declaración de referencia.

Existen una gran variedad de investigaciones científicas que nos permiten conocer al toro bravo. La mayoría están disponibles gratuitamente en la web, pero no se quede con una, revise más, busque si el médico veterinario o investigador que la firma trabaja con toros bravos o ha realizado más estudios con esta raza, busque con quién colabora o si da clase, o si recibe una subvención o quien lo patrocina o si trabaja para un corporativo de defensa, es decir, revise su experiencia, su campo de trabajo, busque elementos que le permitan reconocer si la investigación posee rigor académico. Y existen también muchas publicaciones que utilizan las palabras ciencia, científico, especializado, para validar argumentos de tipo subjetivo.

El Derecho internacional establece y pone el marco para el desarrollo en las naciones de leyes de protección a las minorías culturales. Si la afición taurina es una minoría también tiene derecho a gozar de esta protección, porque además está conformada por una gran variedad de individuos que pertenecen a su vez a otros grupos minoritarios. O sea que estamos ante una minoría marginada y compuesta por varias marginales más. ¿Por qué no darle el tratamiento y la protección que se exige y reconoce para otras minorías culturales?

¿Les interesa el toro? Si es así, ofrezcan o sugieran maneras de conservarlo. Otro dato: al día de hoy, ninguna ganadería en el mundo es propiedad de antitaurinos ni existe alguna que los críe para no lidiarlos.

De aquí se desprende una posible respuesta desde la ciencia, la razón y la evidencia para el cuestionamiento: ¿por qué matan al toro los toreros si dicen respetarlo, admirarlo? Para cumplir con su finalidad zootécnica, pues se cría y se cuida para ser lidiado en una plaza y la culminación de su lidia es darle muerte con un estoque. De ahí su nombre, toro de lidia o ganado bravo, en cuyo caso su finalidad zootécnica será proveernos de bravura y la bravura se verifica en la plaza. Solo cuando el toro muestra cualidades excepcionales de bravura se indulta, para quedar entonces como semental y seguir proveyendo bravura a través de sus crías. Los indultos sin ton ni son a cuanto animal tiene prontitud, mantiene el hocico cerrado, pasa pero no necesariamente embiste, son también un atentado contra la finalidad zootécnica del ganado de lidia.

Hay otra respuesta más a por qué algunos están en contra de las corridas de toros: «*Porque no me gustan, no he ido ni iría jamás a una cosa así*». Esto nos hace preguntarnos: si no la ha padecido, no la conoce, no la ha experimentado, ¿por qué su deseo de que desaparezca algo que no le afecta? Una apetencia así justifica y valida que alguien más decida prohibir algo que a usted le gusta, solo porque al otro no le agrada o le desagrada. Aunque en el caso de esta respuesta, se trata también de algo que desconoce. Tal vez movido por sus emociones, desde sus emociones para ser exactos, en vez de atender a la evidencia, la razón o la ciencia le pareciera a unos cuantos que la tauromaquia es políticamente incorrecta. Su sentir es válido, tan válido como el de aquel que desea que sigan las corridas de toros porque le gustan. Pero esa validez no es un argumento ni a favor ni en contra, es cuestión de sensibilidad, de conocimiento o desconocimiento, de apreciación subjetiva.

Para poder hablar de tauromaquia es indispensable hablar del toro. ¿Qué sabe usted del toro de lidia? ¿Le gustaría conocer un poco de esta joya genética?

Apunte para hablar de tauromaquia desde la razón, la ciencia y la evidencia

Al día de hoy la mayoría de los argumentos antitaurinos se basan en descalificaciones morales, posturas radicales, un uso desmedido de adjetivos, un discurso emocional y subjetivo menos racional, científico, objetivo, que logra conmover a varios, pero carece de evidencia. Creen tener también argumentos legales o jurídicos que buscan la prohibición, pero son carentes de sustento real, basado en los derechos humanos y el Derecho internacional.

Pasando por alto el hecho de que vivimos dentro de regímenes democráticos, minimizando el derecho a la cultura, a la libertad de culto —el culto al toro—, la protección a las minorías culturales y la expansión global de la moral anglosajona que poco a poco y por falta de cuestionamientos pareciera ser «la correcta» por ser ahora la más común.[18] El riesgo

---

[18] Revisando el trabajo de Michael Foucault, *Los anormales,* encontraremos toda una reflexión sobre cómo el concepto de normalidad tiene como sustento el ser compartido por las mayorías y cómo lo anormal suele ser lo distinto, lo diferente, no

de aceptar una prohibición es que implica prohibiciones subsecuentes.

El taurino promedio recurre a defender la tauromaquia alegando que es un arte y una tradición. Pero existen muchos más argumentos de los que podemos echar mano para hablar de tauromaquia que son verificables, están documentados y respaldados por la evidencia. Los más contundentes los obtenemos del estudio y el conocimiento de las dehesas y del toro bravo.

Subestimar a los activistas antitaurinos y animalistas ha sido un error que estamos pagando muy caro los taurinos, lo mismo que callar nuestra afición para no incomodar, para no ser cuestionados o atacados.

Nos detendremos primero en algunas creencias limitantes que nos habían estado impidiendo dar un paso adelante y tomar acciones.

— LA FIESTA SE DEFIENDE SOLA. La evidencia histórica sirve para comprobar que se ha tenido que argumentar en favor de la fiesta para evitar su prohibición desde su institución. La pugna entre taurinos y antitaurinos tomó un carácter institucional y oficial a partir del siglo XVIII,[19] al aparecer los primeros alegatos escri-

---

necesariamente lo equivocado o lo erróneo. Si así fuera, los que reconocemos como genios —una importante minoría— no habrían logrado maravillarnos y sorprendernos.

[19] «Posturas taurinas y antitaurinas en el siglo XVIII en España y la Nueva España: un debate ilustrado entre detractores y apologistas». Tesis para obtener el grado de Doctor en Estudios

tos[20] a favor o en contra, las primeras disertaciones y reflexiones en torno a la tauromaquia en los ámbitos intelectuales,[21] académicos y políticos tanto en España como en la Nueva España y otros territorios. Repercutían en los demás países que celebraban el culto al toro mediante manifestaciones taurinas. Acorde con esta reflexión, la evidencia nos muestra que la fiesta a lo largo de la historia no se ha defendido sola.[22] Y al día de hoy tampoco es así. Si así fuera estaría exenta de prohibiciones y amenazas. La tauromaquia la defienden los taurinos y los ciudadanos informados que, por encima de sus gustos o preferencias, son respetuosos de la libertad, la unidad, la legalidad y la civilidad que han mediado[23] entre detractores y apologistas.

— CON QUE «VUELVA EL TORO BRAVO». EL TORO BRAVO BASTA Y SOBRA PARA QUE SE LLENEN LAS PLAZAS Y RESURJA LA AFICIÓN. Esta afirmación

---

Novohispanos, presentada por Fernanda Haro Cabrero, en la Universidad Autónoma de Zacatecas, mayo de 2019.

[20] Mark Mckinty, *Origen y progresos: la carta histórica de Nicolás Fernández de Moratín como génesis del debate sobre la tauromaquia*, Belfast, Queen»s University, 2006.

[21] Como en la *Historia del toreo en México* de Nicolás Rangel, el epítome de la disertación sobre las corridas de toros de José de Vargas Ponce, los trabajos de Jovellanos y de León de Arroyal.

[22] Existen muchos trabajos de investigación de Beatriz Badorrey, Juan Pedro Viqueira, Benjamín Flores Hernández o José Coello Ugalde.

[23] Extensamente documentado en el trabajo de la doctora Badorrey, *Otra Historia de la Tauromaquia, derecho y sociedad*. Pero también verificable en documentos que se resguardan en el AGN, Archivo General de la Nación.

nos transporta en el tiempo 30 años atrás. Cuando la oferta cultural era limitada, cuando los toros se pasaban por televisión abierta y además eran sólo 5 o 6 canales, cuando no había internet, Netflix, teléfonos celulares. Cuando las mascotas no eran negocio, cuando había más contacto entre el mundo rural y el urbano, cuando no había tantos animalistas o antitaurinos de teclado cuyo contacto con la naturaleza es su mascota a la que tratan y visten como a un humano, cuando no había Covid. Entonces pudiera ser, pero hoy el toro bravo, él solo, no puede contra todo eso. Se trata, pues, de una suposición carente de evidencia y sustentada en suposiciones que no contempla las variables arriba mencionadas y que niega la globalización.

— Ni de toros ni de religión ni política... ¿Por qué no? Con la actitud adecuada, con argumentos sólidos, con conocimiento, con respeto, sí se puede y se debe. Darle la vuelta al conflicto nunca lo resuelve sino que lo hace más grande. Sin embargo, culturalmente se nos enseñó a evitar el conflicto y el desacuerdo. Pero los desacuerdos aunque llevan a enfrentamientos también se resuelven con negociación, con humildad, con respeto y con conciencia. Importamos todos, taurinos, no taurinos, antitaurinos y animalistas. Cabemos todos.

— Tengo (aquí va el número que a usted le guste) años viendo toros. No necesito saber más. Esto tal vez era válido cuando no había internet, era muy difícil acceder a la información o conseguir una revista o libro taurino era toda una odisea. Hoy esta afirmación suena tan sorprendente como pedirle a la enfermera instrumentista que le opere porque tiene más de 20 años viendo operar al cirujano y confiarle su salud con base en la suposición de que es experta por mirar.

Es muy probable que sigamos fallando en la defensa de la tauromaquia, sobre todo mientras lo hagamos desde la ignorancia y mantengamos esas creencias limitantes en vigor.

¿Por dónde empezar? Bueno, pues por reconocer qué hay. Por eso es importante tener en cuenta estas consideraciones:

GENERALIDADES

La tauromaquia es una manifestación cultural legal, normada y regulada.

El debate entre taurinos y antitaurinos tiene siglos de existencia... Es imposible acabarlo con un *tweet*, una publicación o una frase.

No existe un solo registro en la historia de los países taurinos de que se haya intentado imponer la tauromaquia o volverla obligatoria. Tampoco hay evidencia de que se haya intentado multar, encarcelar o sancionar a quienes no acuden a la plaza o a festejos taurinos.

Existen varios trabajos de investigación que revisan las prohibiciones a la tauromaquia a través de la historia, porque a diferencia del punto anterior, existe la evidencia a través de documentos y registros en los que se ha pedido multa, encarcelamiento o sanción para quienes asistan, consientan, participen o permitan corridas de toros y otras manifestaciones englobadas dentro de la tauromaquia.[24]

El día que desaparezcan los taurinos se acabarán los antitaurinos.

Que a usted no le gusten los toros es tan válido como que a mí sí.

La presencia de la tauromaquia en todas las bellas artes y las artes menores está respaldada por evidencia: artistas y piezas concretas.

La historia de la tauromaquia es una historia de cambio, transformación y adecuación.

Pedir que se supriman las corridas de toros y los festejos taurinos sin contemplar un plan millonario —sí, porque cuesta millones y sin festejos el coste aumentará— para garantizar la subsistencia de las ganaderías y con ello la supervivencia del ganado bravo, evidencia que la intención no es proteger al

---

[24] Sólo por mencionar algunos trabajos recientes véase Rogelio Reyes Pérez, «Derecho y tauromaquia: desde las prohibiciones históricas a su declaración como patrimonio cultural», *Revista de Estudios Taurinos*, 2015, dialnet.unirioja.es; Beatriz Badorrey, «Otra Historia de la Tauromaquia, derecho y sociedad», *Boletín oficial del Estado*, Madrid, 2017; Marco Antonio Ramírez Villalón, *Los toros, 500 años de prohibición y defensa*, Morelia, Centro cultural y de convenciones Tres Marías, 2017; Adrián Risco Chang, *Tauromaquia y democracia: la prohibición catalana del 2010*, researchgate.net; Juan Ignacio Codina Segovia, *Legislación civil y religiosa contra la tauromaquia: prohibiciones históricas de los espectáculos taurinos en España entre 1567 y 1936*, D.A. Derecho Animal, Forum of Animal Law Studies, 2020, raco.cat

toro, sino a la sensibilidad de unos ciudadanos por encima de la de otros.

HABLANDO EN CASTELLANO

Una de las causas por las que la tauromaquia es atacada y cuestionada es por el habitual uso errático del lenguaje y por la falta de argumentos racionales, científicos y apoyados en evidencia que se esgrimen en la defensa del quehacer taurino y de la fiesta. El uso correcto del lenguaje permite el diálogo entre las diferentes posturas.

Los taurinos somos también conscientes de la disminución de los espacios para las especies de animales salvajes o silvestres y de la expansión de las urbes habitadas por los humanos y sus mascotas. Existen muchos más animales domésticos en el mundo que fauna salvaje.[25] Si los animalistas o ecologistas conocieran lo valioso que es el hábitat del toro de lidia para la fauna, lucharían con nosotros para conservarlo.

Es más factible que nos podamos rendir ante la evidencia, que logremos entendernos en cuanto a lo que pensamos, a los objetivos o metas que nos hemos puesto, a la información con que contamos antes que llegar a un acuerdo sobre lo que sentimos. Aquí radica la importancia del uso correcto del lenguaje, que es la convención social que nos permite comunicarnos. Por ejemplo, en el discurso antitau-

---

[25] Yuval Noah Harari, *De animales a dioses. Breve Historia de la Humanidad*, Barcelona, Debate, 2014.

rino se usan como sinónimos dolor y sufrimiento cuando tienen significados distintos. Tan es así que existe un umbral del dolor, pero no un umbral del sufrimiento. Puede ser que el toro experimente dolor, pero, ¿cómo podemos comprobar que sufre? ¿Con una fotografía que circula en redes que no está verificada y que puede estar manipulada? ¿Con una publicación de alguna red social que circula y tiene millones de vistas, pero ninguna evidencia o manera de ser comprobada? ¿Con fotografías o publicaciones que no tienen sustento científico ni académico? ¿Qué validez tiene entonces si carece de los requisitos para considerarse evidencia?

Podríamos seguir explorando en las imprecisiones que se evitan utilizando el término «ganado bravo», que incluye a toda la especie, y subrayando el hecho de que las personas, los ciudadanos, así como los sujetos jurídicos, tenemos responsabilidades para con los animales.

Es fácil encontrar significados de palabras en el teléfono celular. No hace falta cargar un diccionario. El tesoro lexicográfico de la lengua española se encuentra recogido, en primera y fundamental instancia, en el Diccionario de la Lengua Española (DLE).

En pos de una mayor claridad, exploremos los significados de algunas palabras y términos recogidos en el DLE:

ARTE
Capacidad, habilidad para hacer algo (primera acepción). Manifestación de la actividad humana mediante la cual se interpreta lo real o se plasma lo imaginado con recursos plásticos, lingüísticos o

sonoros (segunda). Conjunto de preceptos y reglas necesarios para hacer algo (tercera). Maña, astucia (cuarta).

TAUROMAQUIA
Arte de lidiar toros (primera acepción). Obra o libro que trata de la tauromaquia (segunda).

Atendiendo al uso correcto del lenguaje, la tauromaquia es un arte. Pero sigamos con el DLE, a fin de seguir aclarando conceptos:

ASESINAR
Matar a alguien con alevosía, ensañamiento o por una recompensa (primera). Causar viva aflicción o grandes disgustos (segunda).

ASESINO
Que asesina (primera). Ofensivo, hostil, dañino (segunda).

Ahora bien, los toros no son personas.

DIFERENCIA ENTRE LAS PALABRAS
CRUEL Y CRUENTA

La corrida de toros es cruenta porque hay derramamiento de sangre. No es cruel, pues cruel significa «que se deleita en hacer sufrir o se complace en los padecimientos ajenos». La persona que se deleita en hacer sufrir o ver sufrir a otros y (cosa) que causa sufrimiento. La corrida de toros no es una persona, no puede deleitarse en hacer sufrir o ver sufrir.

Los taurinos tampoco podemos ser calificados —se trata de una calificación, de la percepción de alguien o alguno— como crueles porque no nos deleitamos en el sufrimiento ni hacemos sufrir. Quizá alguna persona sufra imaginando, suponiendo o figurándose lo que le ocurre al toro dentro de la plaza y del ruedo. Pero, puntualicemos, el sufrimiento es voluntario, personal y obedece a una elección. Los taurinos no le infringen un sufrimiento a quienes no gustan de la tauromaquia porque no tenemos el poder de dirigir sus pensamientos y en consecuencia sus emociones o pensamientos. Dicho de otra manera: ¿cómo pueden comprobar o aportar evidencia de que los aficionados taurinos somos crueles quienes así nos califican? Según el DLE:

CULTURA
Cultivo (primera). Conjunto de conocimientos que permite a alguien desarrollar su juicio crítico (segunda). Conjunto de modos de vida y costumbres, conocimientos y grado de desarrollo artístico, científico, industrial, en una época, grupo social, etc. (tercera).

CULTURA POPULAR
Conjunto de las manifestaciones en que se expresa la vida tradicional de un pueblo (única).

La tauromaquia es un modo de vida, una costumbre que se verifica en lugares, épocas, espacios y horarios concretos. Es también parte de las manifestaciones culturales de un pueblo o localidad. Por lo tanto, la tauromaquia sí es cultura. Abundando:

MASCOTA

Persona, animal o cosa que sirve de talismán, que trae buena suerte (primera). Animal de compañía (segunda).

No todos los animales pueden ni deben llegar a ser mascotas ni mucho menos ser tratados como tales. No está en su naturaleza y no es su función, pese a lo cual algunas personas dan ese uso, el de animal de compañía, a animales incluso no domesticables, pero en lo referente a los que sí lo son, esas personas los crían y tratan como tal.

Así, con un fin también elegido, decidido y costeado por los humanos, el toro de lidia se cría para ser lidiado en la plaza. Las mascotas son animales domésticos, el ganado bravo no es ni doméstico ni salvaje, podemos decir que es un híbrido entre ambos, que hoy por hoy no sobreviviría en libertad y sin estar dentro de una ganadería.

Es cierto que los toros no eligen ir a la plaza, porque son seres sintientes no conscientes. Del mismo modo que otros animales no eligen ser vendidos o comprados en tiendas de mascotas.

Tratar a los animales como si fueran humanos no es darles un trato respetuoso, es poner al hombre como medida y centro (antropocentrismo) de todo. Es afirmar su superioridad sobre otras especies al aceptar que lo que es necesario o provechoso para las personas lo es también para los animales. Para que esta postura fuera realmente equitativa y equilibrada, implicaría que el hombre aceptara su animalidad en armonía con la naturaleza. Para ello se alejaría de las urbes, de la civilización, del internet, de los teléfonos celulares, que se fusionara con la naturaleza, que dejara de apreciarla a través de las pantallas y realmente la experimentara.

Nuestros ámbitos urbanos son la sofisticación de la evolución y desarrollo que tiene como origen la búsqueda de protección ante los depredadores. Hoy lo comprendemos como parte del proceso civilizatorio, de acuerdo, pero recordemos que la casa, la habitación, es la forma evolucionada de la cueva, del refugio.

Dar un trato humano a los animales es otra forma de atentar contra su naturaleza diferente a la de los humanos, negar y anular su animalidad. Porque negar la animalidad como una condición inherente a los humanos nos hace rechazar la naturaleza y concebirnos de una manera incompleta o equivocada. Los humanos somos una más de las especies que conforman el reino animal. Por más que desarrollemos tecnología, que avancemos como civilización, nunca podremos eliminar nuestra parte animal porque eso equivale a despojar al humano materialmente de su cuerpo. El DLE nos sigue dando luz:

MATADOR
Que mata (primera). Torero que por profesión ejerce el arte de matar los toros con espada (cuarta).

TORTURA
Grave dolor físico o psicológico infligido a una persona de forma deliberada con el fin de obtener algo de ella, especialmente una confesión o una determinada declaración.

Al toro no se le produce un dolor físico grave (la primera prueba de dolor grave sería su inmovilidad), ni psicológico, ni tienen la puya, las banderillas o el estoque la finalidad de castigarlo o que confiese algo. La definición de tortura se refiere a que ésta se inflinge «a una persona», por lo que no es tampoco aplicable al toro. Luego, la tauromaquia no es tortura.

SADISMO
Perversión sexual de quien provoca su propia excitación cometiendo actos de crueldad en otra persona (primera). Crueldad refinada, con placer de quien la ejecuta (segunda).

SÁDICO
Perteneciente o relativo al sadismo (primera). Que tiene tendencia al sadismo o lo practica (segunda).

Por tanto, la afición taurina, el gusto por la tauromaquia no son condiciones que quepan en la definición de sádico ni son adjetivos que se nos puedan imputar porque no tiene relación alguna el sadismo con la tauromaquia.

SUFRIMIENTO
Padecimiento, dolor, pena (primera). Paciencia, conformidad, tolerancia con que se sufre algo (segunda).

En consecuencia, el sufrimiento puede aplicarse a los seres conscientes. Su consciencia les permite elegir y el sufrimiento es voluntario. Implica, además, una conciencia del tiempo (presente, pasado y futuro) que no puede medirse o verificarse en los seres sintientes, al menos no de manera científica. El trabajo de los médicos veterinarios especializados en ganado bravo y subespecialidad en etología del ganado bravo son aquí de suma utilidad y relevancia.

Científica y clínicamente no existe un «umbral de sufrimiento» solo existe un umbral del dolor y es relativo.

Los toros de lidia son seres sintientes que no podemos comprobar si sufren.

Confundir al toro bravo con el ganado de engorda es igual a creer que se puede tener un lobo de mascota y tratarlo como a un perro... Puede darse el caso, pero no es la generalidad, ni mucho menos la regla. Y puede resultar tan irresponsable como peligroso porque se trata de especies diferentes.

Los antitaurinos no son mejores personas que los taurinos. Eso es una consideración moral —la moral es relativa y temporal— e implica juzgar a las personas por sus gustos, aficiones, conductas y comportamientos. No hay manera científica ni objetiva de demostrar tal afirmación.

Es falso y falto de información afirmar que los aficionados taurinos disfrutamos con la sangre y el sufrimiento del toro. Ese argumento se viene al suelo en segundos cuando pedimos que nos comprueben científicamente esa afirmación.

Los taurinos no somos más violentos que los antitaurinos.[26]

La lidia del toro es mucho más que picarlo con la puya o clavarle banderillas, tiene una serie de pa-

---

[26] Cecilio Paniagua, *Psicología de la afición taurina / Psychology of the public in bullfighting*, http://www.dendramedica.es/revista/v7n2/Psicologia_de_la_aficion_taurina.pdf

ses con el capote, otros con la muleta, tiene un orden, un tiempo. La corrida tiene una estructura y un procedimiento.

En la literatura taurina se utiliza con frecuencia el concepto de «inteligencia del toro». Consideramos al toro como un ser inteligente y sintiente.[27] Es falso que se le vea como una bestia o como un ser inferior. Si así fuera, la lidia no sería peligrosa ni difícil.

Al día de hoy, no existe una sola ganadería de toros bravos propiedad de antitaurinos, como ya se ha visto.

Sobre el toro de lidia

En la historia del toro de lidia la *larga y ardua tarea de selección y mejora de unos animales que no había tenido parangón hasta entonces en la historia de la ganadería mundial, realizada por individuos que carecían de conocimientos... sobre genética. Y que de forma intuitiva han sido capaces de modelar un animal.*[28] Los siglos de historia documentada nos ofrecen el surgimiento de una especie dividida en encastes o familias con diferencias morfológicas y de comportamiento registradas e investigadas desde diferentes perspectivas académicas en universidades repartidas en los ocho países del mundo con tradición taurina.

[27] Jesús Mosterín, «La consideración moral de los animales / The moral consideration of animals», *Revista Internacional de Filosofía*, núm. 61, 2014, pp. 167-174. ISSN: 1130-0507 http://dx.doi.org/10.6018/daimon/150521.

[28] Luis López Martínez, *La ganadería de lidia en España. Historia, geografía y empresa*, Sevilla, 2018.

Consideraciones biológicas y fisiológicas del toro de lidia[29]

El toro bravo acomete y el manso huye.

La cantidad de sangre que pierde el toro de lidia después del puyazo en el tercio de varas es aproximadamente de dos de los cuarenta y cinco a cincuenta litros de sangre que posee en promedio un toro bravo, lo que en proporción representa menos de la sangre extraída a un donante.

El toro a pesar de ser un herbívoro presenta comportamientos de un depredador[30] porque ataca y mata a otros animales.

El toro tiene una doble circulación coronaria que le permite una gran cantidad de oxigenación y recuperación. ¿Han visto galopar a un cebú, un angus o un Tajima-gyu (su carne se conoce como Kobe) a la misma velocidad la distancia que galopa un toro bravo cuando acomete? No. Tienen capacidades distintas, desarrollo y morfología distinta. Se trata de especies diferentes.

Dolor en el toro de lidia: la respuesta neuroendocrina del toro de lidia al estrés y al dolor

---

[29] Respecto a los estudios sobre los neurotransmisores que registran el dolor en el toro, está la tesis doctoral de Luis Alberto Centenero Rozas, «Concentraciones de hormonas opiáceas y su relación con la respuesta al dolor en el toro de lidia», Departamento de fisiología, Facultad de Veterinaria, Universidad Complutense de Madrid, y Fernando Gil Cabrera, *Variables neuroendocrinas y su relación con el comportamiento durante la lidia del toro bravo*, core.ac.uk.

[30] José Carlos Arévalo, *La tauromaquia nen tela de juicio, argumentos para un informe a la* unesco, Madrid, Altasierra Ediciones, 2020. Se trata de un ensayo sobre todos los argumentos que elevan a la tauromaquia al rango universal de Cultura.

consiste en bloquearles en el sistema nervioso.[31] Para bloquear el dolor experimenta un proceso de analgesia. En milisegundos liberan betaendorfinas (hormonas de la felicidad) doscientas veces más potentes que la morfina.

El toro bravo posee mecanismos neurohormonales que bloquean el dolor en su sistema nervioso al liberar betaendorfinas en milésimas de segundo.[32] Esta liberación se activa cuando su piel sufre una perforación (al ser traspasada por la puya ocurre también esa reacción). En el campo, se enfrenta a los pitones de otros toros y este mecanismo le permite reponerse y defenderse. Es su defensa natural.

Los toros lidiados inician una respuesta al dolor con un aumento progresivo en las concentraciones de betaendorfinas y metaencefalinas a medida que se desarrolla la lidia.[33] Esto hace que la analgesia

---

[31] Luis Alberto Centenera Rozas, «Concentraciones de hormonas opiáceas y su relación con la respuesta al dolor en el toro de lidia». Memoria para optar al grado de doctor, Departamento de fisiología (fisiología animal), Facultad de Veterinaria, Universidad Complutense de Madrid. Directores: Juan Carlos Illera del Portal y Gema Silván Granado, Madrid, 2014.

[32] Juan Carlos Illera, Fernando Gil y Gema Silván, *Regulación neuroendocrina del estrés y dolor en el toro de lidia, (bos taurus)*, Departamento de fisiología (fisiología animal), Facultad de Veterinaria, Universidad Complutense de Madrid, file:///C:/Users/Admin/Downloads/23725-Texto%20del%20art%C3%ADculo-23744-1-10-20110607.PDF

[33] Luis Alberto Centenera Rozas, «Concentraciones de hormonas opiáceas y su relación con la respuesta al dolor en el toro de lidia». Tesis doctoral, Facultad de Veterinaria, Universidad Complutense de Madrid, 2014, https://eprints.ucm.es/id/eprint/28736/1/T35844.pdf

que se produce en él sea de tal magnitud que puede llegar a inhibir todo síntoma de dolor.

El toro bravo es una especie única, capaz de elaborar una respuesta neuroendocrina adaptativa tanto al dolor como al estrés en segundos.

Por lo tanto, la tesis de que al toro le duele y ese dolor le causa sufrimiento carece de fundamento biológico.

La crianza del toro bravo cumple con los requisitos y consideraciones que establece la reglamentación del bienestar animal (extensiones de terreno muy vastas, sin hormonas en su alimentación, entre iguales, con alimento y condiciones de higiene).

Estadísticamente, 90% de los toros bravos no muere en las plazas de toros.

La vida de una vaca brava de vientre oscila entre los 12 y 18 años contra los tres años de vida de una vaca lechera.

La vida de un toro bravo oscila entre los 4 y 5 años, la de un becerro de engorda de 7 a 10 meses.

Los sementales de ganado bravo viven en promedio entre 10 y 20 años

El valor ecológico y el impacto positivo al medio ambiente[34] derivados de la tauromaquia y de las ganaderías de bravo se encuentra documentado, estudiado y comprobado en varios artículos, tesis y tesinas académicas disponibles en numerosos repositorios universitarios.

---

[34] José Luis Villegas Moreno, *La tauromaquia como valor cultural y medioambiental. Una aproximación comparada,* dialnet-latauromaquiacomovalorculturalymedioambientalunaap-6346420.pdf.

Aceptar que el toro no muera en el ruedo es aceptar y consentir que pueda experimentar dolor al disminuir su concentración de betaendorfinas sólo para evitar el sufrimiento de algunos espectadores. Como taurinos, primero el toro.

Nos enfrentamos al reto de re-formarnos como aficionados y conocer más sobre el toro de lidia como especie, sobre el campo bravo y mejorar nuestro uso del lenguaje. Tenemos la responsabilidad de aprender sobre la tauromaquia, su historia y sus transformaciones. A quién pregunte por qué existen las corridas de toros y la tauromaquia en el siglo XXI le podemos dar una pista: para que siga existiendo el toro bravo, una especie que solo se encuentra en ocho países en el mundo, los ocho países taurinos. Para proteger un hábitat de fauna silvestre cuyo guardián es el toro bravo en santuarios conocidos como dehesas o ganaderías. Importan todos los animales, todos.

Tenemos que hacernos responsables de nuestras publicaciones y contribuir a la información en vez de a la desinformación.

II. Objetividad vs. subjetividad

¿La tauromaquia es cultura o tortura? Ante esta pregunta hemos visto el uso sesgado del lenguaje y sus efectos en materia taurina.

Se afirma en las declaratorias de la UNESCO que *Desde los célebres monumentos históricos y museos hasta las prácticas del patrimonio vivo y las formas de arte contemporáneo, la cultura enriquece nuestras vidas de innumerables maneras y ayuda a construir comunidades inclusivas, innovadoras y resistentes*[35] por cultura se comprenden:[36] *conjuntos de modos de vida y costumbres,*

---

[35] UNESCO.

[36] Ciudades inclusivas. La cultura desempeña un papel esencial en el logro del ODS11, cuya finalidad es «lograr que las ciudades y los asentamientos humanos sean inclusivos, seguros, resilientes y sostenibles». La cuarta meta de este ODS exige «redoblar los esfuerzos para proteger y salvaguardar el patrimonio cultural y natural del mundo». https://es.unesco.org/courier/april-june-2017/cultura-elemento-central-ods#:~:text=La%20cultura%20es%20todo%20lo,y%20sea%20inclusivo%20y%20equitativo.

conocimientos y grado de desarrollo artístico, científico, in-
dustrial, en una época, grupo social, etcétera».

Con las palabras arte y cultura ocurre un fenómeno singular. En el siglo XVIII se las vinculó con la idea de refinamiento; de ahí el equívoco de asociarlas con lo bonito y lo agradable a la vista. Se trata de un error de conceptualización no aceptar que la tauromaquia sea arte y también cultura. Esto si atendemos al uso del lenguaje como puente de comunicación, si nos apegamos a las definiciones de las palabras, incluso las jurídicas, dejando de lado el sentido que cada cual quiera adjudicarles.

La discusión aquí es de sobra interesante. Comencemos por revisar el concepto de cultura ya que con frecuencia se cuestiona que la tauromaquia pueda ser considerada como tal. Nos dimos en consecuencia a la tarea de revisar la definición legal de cultura: en el ámbito jurídico cultura se refiere al conjunto de conocimientos que caracterizan a una sociedad o grupo social en un periodo determinado. El término incluye también: modos de vida, creencias, tradiciones, usos, costumbres, sistema de valores, educación, conocimientos, técnicas y leyes y cómo tal es reconocida en *la Ley General de Cultura y Derechos Culturales* de México, por ejemplo, publicada en el Diario oficial de la federación el 19 de junio de 2017, y cuyas disposiciones son de orden público e interés social y de observancia general en el territorio nacional. En su artículo segundo leemos que esta Ley tiene por objeto:

Reconocer los derechos culturales de las personas que habitan el territorio de los Estados Unidos mexicanos.

III. Promover y respetar la continuidad y el conocimiento de la cultura del país en todas sus manifestaciones y expresiones, V. Promover, respetar, proteger y asegurar el ejercicio de los derechos culturales. Y en su artículo tercero señala: Las manifestaciones culturales a que se refiere esta ley, son los elementos materiales e inmateriales pretéritos y actuales, inherentes a la historia, arte, tradiciones, prácticas y conocimientos que identifican a grupos, pueblos, comunidades, que integran la nación, elementos que las personas de manera individual o colectiva, reconocen como propios por el valor y significado que les aporta en términos de su identidad, formación, integridad y dignidad cultural, y a las que tienen el pleno derecho de acceder, participar, practicar y disfrutar de manera activa y creativa.

En cualquiera que sea la definición de cultura, cabe la tauromaquia en todas sus manifestaciones, independientemente de que guste o no y de a cuántos guste o a cuántos desagrade.

La primera precaución es medir de qué manera vamos a trasladar los significados controvertidos, principalmente en la antropología social, para ser luego utilizados en la explicación de los nuevos derechos dónde se incluye la idea de cultura,[37] y la segunda precaución reside en establecer si se ha-

---

[37] «Destruir un patrimonio o dejar que se deteriore es negar una parte de la historia de un grupo humano, de su legado cultural. El patrimonio que ha producido a lo largo de su historia y ha logrado conservar un pueblo, es lo que lo distingue, lo que logra identificarlo, lo que alimenta su identidad cultural y lo que define mejor su aporte específico a la humanidad». Olga Lucía Molano L., «Identidad cultural un concepto que evoluciona», *Revista Opera*, núm. 7, mayo, 2007, pp. 69-84.

bla de «las culturas» o desde «la cultura» porque del plural de la primera se deprende el concepto de multiculturalidad. Tan solo encontrar la definición precisa para cultura[38] ya resulta muy complejo. Si a ello sumamos que desde el Derecho la cultura se comprende como una consecuencia de la evolución de la humanidad y que se va perfeccionando como una tecnología, si solo nos quedamos con esta concepción, los grupos étnicos y sociedades simples o menos complejas que no comparten este proceso quedarían condenados a un atraso, a una marginalidad efectiva, porque no adoptan o aceptan las reglas de una cultura dominante o hegemónica que es tal en función de la cantidad de individuos que la comparten y, por lo tanto, deja fuera toda posibilidad de proteger a una minoría cultural, cayendo así en la discriminación por no entender o por darle un sentido equivocado o erróneo a lo que desconoce.

La discusión epistémica[39] en torno al concepto de cultura sigue. No existe una definición única e incuestionable de lo que abarca la palabra y al no

---

[38] Aquí utilizamos la definición aceptada por la UNESCO.

[39] «Es entonces que en el nivel fáctico se reconoce la existencia de diversidad, lo que implica la coexistencia de cosmovisiones distintas, de prácticas diversas, de culturas diferentes y, lo que es crucial en el análisis de una justicia diferenciada: la existencia de intereses en conflicto. Es la propia realidad la que impulsa la necesidad de regulación de una convivencia que en muchos aspectos es forzada y no exenta de tensiones. Sólo con un tratamiento despojado de dobleces será factible alcanzar una unidad fundada en el respeto y la tolerancia de otros modos de vida. En el nivel normativo es en donde se recepta la pluralidad». Silvina Ramírez, *Diversidad cultural y pluralismo jurídico: administración de justicia indígena,* https://repositoriouasb.edu.ec.

haber consenso respecto de qué es cultura, tampoco puede haberlo para definir lo que no es cultura. Mientras que no se atente o viole ningún derecho humano o fundamental, la amplitud del concepto de cultura y su capacidad de inclusión nos permitirá tener una sociedad plural, igualitaria y equitativa. ¿No debería el concepto de cultura servir de marco referencial amplio que permita la fluidez legal para garantizar los derechos de los grupos minoritarios, los pueblos originarios de América sin ir más lejos, y proteger las distintas formas de expresión y manifestación de los mismos? Mientras que no se atente o viole ningún derecho humano o fundamental, la amplitud del concepto de cultura y su capacidad de inclusión nos permitirá tener una sociedad plural, igualitaria y equitativa.

Para poder legislar conforme a derecho y de manera pertinente en lo tocante a la tauromaquia, lo primero sería conocer la materia de nuestra legislación. Revisar los conceptos de cultura, tortura, prohibición, abolición. Revisar la normatividad taurina, la historia de las prohibiciones que ha experimentado la tauromaquia para determinar si es viable nuevamente la prohibición o si valdría la pena explorar y ampliar la regulación en materia taurina. Hace falta conocer al toro bravo, sus diferencias con otros bovinos, las particularidades de su crianza y desarrollo, el ecosistema que es una ganadería, la cantidad de flora y fauna que en ellas coexisten, los costos de la crianza del toro, sus requerimientos de espacio, su manejo, para luego determinar la mejor manera de protegerlo.

Si la intención es proteger a los asistentes a una corrida de toros de los daños que les ocasiona el asistir a un espectáculo así, hace falta conocer qué daños son, en qué consisten y cómo se pueden prevenir o tratar. Si de lo que se trata en cambio, es de proteger la sensibilidad de unos ciudadanos por encima de la de otros, tenemos que conocer qué derechos humanos o fundamentales se afectan al tener lugar las corridas de toros y la celebración de espectáculos taurinos, en qué consiste el derecho a la cultura, porque, insistimos, la tauromaquia es cultura. Hacen falta resoluciones con documentos probatorios, con rigor académico, con enfoques multidisciplinarios para garantizar una panorámica más completa y menos imprecisa del asunto.

Cuál sería la finalidad de prohibir las corridas de toros bajo el supuesto de proteger la vida de los toros si después permitimos que se extinga esta raza por no haber aprobado antes un plan garantizado, viable y subvencionado por el Estado para la conservación de las ganaderías que son santuarios no solo para el toro bravo sino también para otras especies.

¿Por qué proteger de morir en el ruedo a un porcentaje mínimo de toros para luego dejar que desaparezca la totalidad de su raza? Es contradictorio e incongruente que el argumento sea proteger al toro porque les importan los animales cuando sus peticiones se limitan a prohibir o abolir. Eso no es proteger al toro, es atentar contra el derecho a la cultura de otros ciudadanos, eso no es amor al toro ni respeto por los animales, es buscar imponer una visión urbano centrista a los espacios rurales, es proponer un paliativo o placebo para que parezca que se solucionó, pero dejando el problema crecer.

Sirvan estas reflexiones para abonar un debate serio, fundamentado y sobre todo objetivo de lo que hay detrás de este prohibicionismo propiciado por la cultura de la cancelación y tan contrario a una cultura para la paz. Pues pretender que desde el ámbito legislativo el ejercicio de las libertades y derechos conquistados porque no son los propios no es evidencia de buscar la paz o el bien común.

¿Es cultura? ¿Es tortura?

Es un asunto escabroso este último porque una legislación tal como la plantean ahora mismo no supone un avance democrático sino un retroceso en la aplicación de la justicia precisamente en materia del ejercicio de las libertades, y hoy por hoy la tauromaquia representa un ejercicio de libertades fundamentales, relacionado íntimamente con la cadena de valor y la derrama económica que genera. Su preservación representa un bien cultural e identitario y la defensa del toro de lidia como raza podría estarse dejando de lado a la luz del derecho animal. La fiesta brava pertenece al patrimonio cultural, poseedor de un caudal enorme de diversidad y riqueza cultural. Y si a alguien no le gusta, tiene la total libertad para no asistir.

Por otra parte, en el afán de entender mejor el concepto de tortura desde el ámbito jurídico me di a la tarea de revisar la *Ley federal en México para prevenir y sancionar la tortura* y encontramos que en su artículo 3° dice: *Comete el delito de tortura el servidor público [con esto quedan fuera de la acusación el torero y los integrantes de su cuadrilla] que, con motivos de sus atribuciones, inflija a una persona [el toro no es una persona] dolores o sufrimientos graves, sean físicos o psíquicos con el fin de obtener del torturado o de un tercero, información o una confesión, o castigarla por un acto que haya cometido o se sospeche ha cometido o coaccionarla para que realice o deje de realizar una conducta determinada.*

De igual modo, consulté también *La lucha contra la tortura en el orden internacional* cuya autora es Esther Pino Gamero,[40] trabajo que aparece publicado por el Centro de Estudios Constitucionales de la Suprema Corte de Justicia de la Nación mexicana. En su capítulo tercero: El concepto de tortura y de tratos o penas crueles, inhumanos y/o degradantes en el orden internacional, encontramos que *La Convención Interamericana para Prevenir y Sancionar la Tortura* [un instrumento internacional de los derechos humanos] dispone, en su artículo segundo, lo siguiente: *Para los efectos de la presente Convención se entenderá por tortura todo acto realizado intencionalmente por el cual se inflijan a una persona penas o sufrimientos físicos o mentales, con fines de investigación criminal, como medio intimidatorio, como castigo personal, como medida preventiva, como pena o con cualquier otro fin. Se entenderá también como tortura la aplicación sobre una persona, de métodos tendientes a anular la personalidad de la víctima o a disminuir su capacidad física o mental,*

---

40   Publicado por el Centro de Estudios Constitucionales de la Suprema Corte de Justicia de la Nación.

aunque no causen dolor físico o angustia psíquica. No estarán comprendidos en el concepto de tortura las penas o sufrimientos físicos o mentales que sean únicamente consecuencia de medidas legales o inherentes a éstas, siempre que no incluyan la realización de los actos o la aplicación de los métodos a que se refiere el presente artículo. Y el artículo tercero de esta Convención añade la cualidad que ha de tener el sujeto activo para que se considere tortura: *Serán responsables del delito de tortura: a) Los empleados o funcionarios públicos que actuando en ese carácter ordenen, instiguen, induzcan a su comisión, lo cometan directamente o que, pudiendo impedirlo, no lo hagan. b) Las personas que a instigación de los funcionarios o empleados públicos a que se refiere el inciso a) ordenen, instiguen o induzcan a su comisión, lo cometan directamente o sean cómplices.*

A la luz de ello puede decirse que la configuración normativa de la tortura requiere la concurrencia de varios requisitos, relativos al elemento material, a la titularidad del sujeto activo, al elemento teleológico o de finalidad de la conducta y al elemento subjetivo o de intencionalidad del autor.

Al toro no se le produce un dolor físico grave, la prueba es que sigue embistiendo y acomete, tampoco psicológico, ni con la finalidad de castigarlo o que confiese algo. El concepto jurídico de tortura no es aplicable[41] a la tauromaquia.

---

[41] En caso de que quisiera entender mejor el uso de las banderillas, puya, puntilla, descabello y demás puede apoyarse el lector en el trabajo del Dr. Julio Fernández Sánz, que se ocupa entre muchas otras cosas del por qué y para qué de los adminículos utilizados durante la lidia, los puede consultar en su libro: *Descubriendo al toro de lidia*, España, Satine, 2021.

Del «sufrimiento» del toro

Con frecuencia en este debate, las palabras dolor y sufrimiento son utilizadas como equivalentes o sinónimos. Ya consultamos la diferencia entre dolor y sufrimiento, lo que nos hizo ver que no lo son, y para ello también nos basamos en el artículo del Dr. Francisco Maglio: «¿Dolor o sufrimiento? Aspectos éticos y construcción social del dolor y la discapacidad», en el que apunta una distinción clave: al dolor se le debe distinguir del sufrimiento. El primero es una construcción biomédica, es la sensación física como respuesta a un estímulo. El segundo, en cambio, es una respuesta psico-afectiva a una situación negativa es una construcción sociocultural e histórica.

¿Posee el toro una construcción sociocultural e histórica que le permita elaborar una respuesta psico-afectiva a una situación negativa? De ser así, ¿cómo lo podríamos verificar? Lo mismo aplica para cuando se acercan las fechas navideñas: ciertos memes o publicaciones hacen mención de que los pavos o los cerdos, por ejemplo, tienen familia o son iguales a nosotros; que comerlos es equivalente a matar y comer humanos. Pero, ¿iguales en qué sentido? ¿Poseen un lenguaje estructurado, vestigios de civilización, pagan impuestos, temen no ser productivos, les afecta que disminuyan sus seguidores en redes sociales? Parece que tenemos algunas diferencias o que no somos iguales, el uso de la palabra es alevoso porque iguales no es lo mismo que semejantes o parecidos. Iguales significa sin diferencia y por chocante que resulte animales y humanos somos diferentes.

Esto no impide que se pueda querer a los animales o incluso preferir su compañía a la de ciertas personas por momentos o que nos duela o afecte la muerte de uno de nuestros animales de compañía a los que llegamos a considerar compañeros. Reconocer las diferencias no impide que les tengamos afecto.

Cuando nombran sufrimiento al dolor que por momentos pueden sentir los toros citan declaraciones sobre la conciencia de los animales, sin puntualizar que su conciencia es también distinta de la de los humanos y omiten dos consideraciones que sesgan la información que brindan como evidencia y que arriba mencionamos: el dolor es una reacción física medible y verificable en los seres vivos. Esto a través de umbrales del dolor que son además relativos pues varían de un individuo a otro. Al día de hoy no existe ningún parámetro clínico o científico para medir el nivel de sufrimiento en ningún ser vivo.

A veces afirman que los toros reciben adiestramiento para conducirse durante la lidia. De ser cierto, tendrían que aportar evidencia científica o contundente, no videos o fotos sacadas de contexto en las que no podemos determinar lo que ocurría cuando fueron tomadas. Por adiestramiento entendemos moldear el comportamiento animal a través de asociaciones entre estímulo y respuesta que luego se consolidan por repetición y entrenamiento.

Es más factible que nos podamos rendir ante la evidencia, que logremos entendernos en cuanto a lo que pensamos o a la información con que contamos antes que llegar a un acuerdo sobre lo que sentimos. Porque los sentimientos son reales, al contrario que los pensamientos de los que proceden, es decir, el pensamiento puede estar equivocado o ser falso y aún así la emoción o el sentimiento que produce es totalmente real. Ejemplo: «Soy una basura», es falso. Quizá es usted una persona que se equivocó o eligió sin reparar en el daño o perjuicio que sus acciones podrían tener sobre otros produciéndoles enojo, impotencia, vergüenza o culpa, pero una persona no es basura. Y, sin embargo, pese a que el pensamiento es irracional, los sentimientos de dolor, congoja, vergüenza, tristeza, que producen en quien lo piensa son reales. O como cuando las madres o los padres se preocupan por sus hijos porque se han retrasado y no contestan a sus llamadas: algo le pasó, lo atropellaron, chocó, se fue con ese amigo sonsacador a beber, tuvo complicaciones en el trabajo, lo dejó el tren, le robaron el teléfono… Los sentimientos de angustia, enfado, desesperación e impotencia son reales, pero nada de eso sucedió, porque quizá por fin le hizo caso la chica que le gusta y se entretuvo platicando con ella, o se desvió para ayudar a una persona mayor cargándole la compra, o se quedó charlando con su jefe porque a ambos les gusta la música, o fue él quien alborotó a sus compañeros para irse de juerga, quien robó o asaltó, o tantas otras opciones, pero la preocupación y los pensamientos catastróficos les invaden pensando que algo malo les sucedió. A veces con justificación y las más de las veces sin ella. Es decir, las cosas suelen estar mucho peor en la cabeza que en la realidad, por eso es tan importante verificar lo que sucede para que nuestro pensamiento no nos produzca un daño innecesario.

Aquí está la importancia del uso correcto del lenguaje, que para fines prácticos recordemos que es la convención social que nos permite comunicarnos y entendernos.

Respecto al significado de la palabra «asesino», que ya estuvimos viendo, referida a la tauromaquia hay que abundar en que un toro es un ser vivo, un ser sintiente, un individuo en tanto que miembro de un grupo o manada, no una persona, por lo cual la palabra «asesino» empleada por algunos para calificar al torero no es aplicable a él, pues aunque su oficio sea el de matar toros, no mata a personas y si las matara por oficio recibiendo un pago del Estado recibiría el nombre de verdugo.

Luego tenemos este otro estribillo simpático, pegajoso y que tiene una rima muy agradable: «La tauromaquia no es arte ni cultura, es una vil tortura», ya arriba explicamos por qué es arte y por qué no es tortura, así que entremos en materia al concepto de cultura.

ARTE, ESTÉTICA Y TAUROMAQUIA

Ante la afirmación de que el toreo es arte o de que hay arte en la tauromaquia —y no solamente expresiones artísticas inspiradas en ella— suelen generarse dudas. Quien asegura que sí a veces se enreda al tratar de argumentar y probar su afirmación porque carece de una definición de arte en la cual apoyarse. Lo mismo que quien lo cuestiona. Porque la duda o cuestionamiento no parte del concepto que designa la palabra «arte», que ha ido cambiando a lo largo de la historia, sino de la incomprensión de la estética y de un prejuicio moral. El arte no sólo es amoral, también suele ser inmoral. Pareciera que muchos contemporáneos se olvidan que a partir de Duchamp la concepción del arte pasó de la sustancia al procedimiento, o de que la Sociedad de Artistas Independientes tenía como uno de sus principios el *no jury, no prizes.*

Este grupo de artistas independientes concedió un valor a la postura y experiencia del artista frente a su obra. Aceptaba en sus exposiciones aquello que sus miembros propusieran. Luego esta práctica fue, para decirlo en el argot de muchos artistas, *copiada* por un sinnúmero de colectivos esparcidos por el mundo. Para ilustrar mejor lo que ocurrió entonces nos apoyaremos en la biología.

Así como la homeostasis al interior de un organismo lo mantiene y lo regenera, al paso del tiempo va dejando de pasar la información de la célula a otra al completo o de manera fiel. Sus telómeros se van achicando y las células replicadas aparecen degeneradas o de menor calidad condenando al organismo a su muerte. Siguiendo este mismo proceso muchos colectivos de artistas se fueron por decirlo de algún modo degenerando y se mantienen hoy con la creencia limitante de que arte es *lo que ellos proponen* o lo que ellos conciben como tal, o lo que ellos aprecian. A veces su postura pareciera inclinarse a la idea de que entre menos compartida sea su visión mayor es la grandeza de sus obras, menos comerciales, más libres y más alejadas del *mainstream.*

Casi nadie lo dice en voz alta, porque ahora resulta que para experimentar el arte hay que entenderlo, conceptualizarlo. No experimentarlo casi equivale a ser alguien poco dotado de capacidad intelectiva. Sin embargo, el arte se siente y se piensa, no solo se ejecuta.

El embrollo aumenta cuando se pone en duda el hecho de que pueda haber estética en el toreo y por no encontrarla de la manera que la entienden o conocen declaran, sí, declaran y sentencian que el toreo no es arte. La definición del DLE, que ya vimos, es contundente, tauromaquia es el arte de lidiar toros.

A este alegato vamos a sumar otro más: quien sostiene que hay arte en el toreo pretende, para explicar y argumentar su afirmación, encorsetar al toreo dentro de una de las bellas artes o de las artes menores, o lo explica en términos por completo taurinos. Tratar de convencer a quienes piensan como usted, es redundante, incluso endogámico. Yo le diría: guarde su energía y ocúpela en algo distinto. Arte es una palabra con la que designamos un proceso y un efecto.

Nos encontramos en una sociedad globalizada, de estetas y puristas, donde las fronteras entre el arte contemporáneo y la publicidad son ultrafinas. Una sociedad en la que la belleza ocupa un lugar privilegiado junto a lo bonito, lo agradable, lo placentero. Una sociedad que recurre al maquillaje de la estética, entendiéndola como embellecedora y la aplica a lo que es desagradable, chocante o con toda franqueza feo.

En el marco de esta sociedad estetizada la tauromaquia, al mostrar sangre, dolor, muerte, lucha, no puede ser considerada como algo bello por las mayorías, inmersas en un mundo en el que *hasta la visión moral de los comportamientos parece estar ahí para verse bien… La moral se vuelve una estética y una cosmética de los comportamientos.*[42] Estamos en la era de lo políticamente correcto, de la inclusión, la tolerancia y la democracia superficiales. Al interior estamos divididos, fragmentados o en franca oposición como consecuencia de entregar nuestra individualidad a un sinfín de colectivos o incluso al llamado «pensamiento único», dictado de manera global y globalizante desde instancias que desconocemos pero nos determinan, y que bajo la falsa premisa de agruparnos para fortalecernos nos dividen y debilitan. Una sociedad en la que los que piensan o sienten distinto son tomados como enemigos, opositores, poco entendidos o hasta ignorantes.

Resultaría conveniente revisar el concepto de arte y su evolución para luego establecer si es que la tauromaquia puede caber en él o no. Desde la óptica de Yves Michaud, *cualquier tipo de prácticas y hasta absolutamente todas, pueden en un momento dado y en ciertas condiciones incorporarse al arte contemporáneo.*[43] Es la concepción más actual, pero vayamos por partes.

Como estuvimos viendo, la definición de arte encaja con la tauromaquia, puesto que esta, además, está basada en un conjunto de reglas y técnicas establecidas. A estas alturas del presente ensayo, pocos o nadie pueden dudar que el toreo es arte. Porque arte también es todo conjunto de reglas idóneas para dirigir una actividad humana cualquiera.

---

[42] Yves Michaud, *El arte en estado gaseoso. Ensayo sobre el triunfo de la Estética*, México, FCE, 2007, p. 46.
[43] Íbid., p. 46.

Después de revisar el concepto de arte desde Platón hasta Yves Michaud, pasando previamente por los trabajos de Nicolás Bourrieaud, Claire Bishop hasta un artículo de Vivian Romeu de 2007, podríamos concluir que hay arte sin duda en el toreo. Que la tauromaquia puede ser arte. Es una revisión y reflexión extensa, e incluirla aquí sería abrumador para quien lee y para quien escribe. Y lo curioso es observar que no hemos encontrado que «arte», en ninguna de sus definiciones, se limite «a lo que gusta». El arte es el resultado de la exposición ante una obra que produce un efecto estético en el espectador, independientemente de la belleza de la obra.

La estética es la doctrina del conocimiento sensible. El concepto aparece primero con Baumgarten. Kant lo retoma tiempo después y desarrolla toda la teoría del juicio. Entendamos entonces que lo estético no es lo agradable a los sentidos, o lo que los deleita sino lo que revela un fondo y una forma, la esencia de las cosas, algo de lo que ya nos hablaban[44] Platón, Aristóteles y Plotino.

Cuando aquí se habla de estética lo hacemos desde el trabajo de Vivian Romeu, quien sostiene que *para que el arte comunique... para que haya una experiencia estética... es necesario que la obra contenga huellas de comunicabilidad, que el receptor se aproxime a la obra para descubrirlas, no solo a manera de identificación como plantea Jauss (2002), sino a la manera de completamiento de la significación, como afirma Iser a través de un proceso de apropiación e interpretación placentero*

---

[44] Nicola Abbagnano, *Diccionario de Filosofía*, actualizado y aumentado por Giovanni Fornero, 4a. ed., FCE, 2004.

de la misma, de forma tal que manera que el receptor experimente en su sí mismo reconocimientos que le sirvan para re-interpretar su historia de vida y reflexionar sobre ella (Riccoeur 1977). De modo que no se trata de un ejercicio de maquillaje de situaciones, de embellecer la experiencia con envoltorios complejos ni de instalarse en el hedonismo.

Partiendo de la filosofía antigua, el arte y lo bello son dos conceptos diferentes e independientes entre sí. Para Platón, lo bello es la manifestación de las ideas, de los valores intrínsecos, mientras que Aristóteles refiere que lo bello reside en la manifestación del orden, de la simetría, del ritmo, en la armonía del conjunto.

La tauromaquia tiene como finalidad la creación de una obra cultural, que puede ser descrita y nombrada gracias a la jerga taurina (ciencia, técnica y especialización). Los tratados sobre tauromaquia que se imparten en las escuelas taurinas son un conjunto de técnicas o principios para llevar a cabo la lidia del toro bravo. Contienen un orden, una técnica (ingenio) y producen un efecto estético en el espectador (revelación de un fondo y una forma). Por tanto, en sentido estricto, para poder definir al toreo como arte, necesitamos primero una definición del concepto mismo.

Podemos decir que arte es la capacidad humana de manifestación en la materia aunada a una técnica, que da como fruto una composición determinada. Revisar el concepto de arte desde la filosofía —la estética es una rama de la misma—, sirve también para ilustrar la cantidad de definiciones e imaginarios del concepto que coexisten al día de hoy, en las que el arte *como interacción deviene práctica cultural y práctica comunicativa... es síntoma o condición cultural de una época pero también red de interacciones socioculturales que se tejen al interior de una organización social determinada, a partir de las prácticas de cada uno de los actores sociales que cohabitan dicha red... Como práctica comunicativa es intercambio de información entre actores sociales, los artistas que hacen la obra y los públicos que la consumen.*[45]

Las culturas de la antigüedad y sus escuelas iniciáticas no hacían una distinción entre arte y ciencia, intelecto y sentimiento... Lo concebían como un todo indivisible, como unidad del conocimiento, que a su vez formaba parte de la sabiduría. Se aprendía a través de la Filosofía. El conocimiento holístico —y aquí volvemos a Platón para quien todo está conectado y pertenece a un mismo organismo—. En la antigüedad no se buscaba crear algo bonito o bello, sino que el arte era la forma de expresar la integración del conocimiento y el reconocimiento del ser en el mundo mediante una composición material.

Todos somos tocados de manera profunda y honda por alguna o varias de las artes. Actualmente la enseñanza del arte descansa en la métrica, la técnica, pero no en la expresión. Por eso de las escuelas de artes no egresan artistas sino licenciados. Esta es otra de las razones por las que el arte no ha logrado cambiar al mundo ni redimirlo. No podrá hacerlo mientras siga separado de sus otras partes: la ciencia, la técnica, la ingeniería.

---

[45] Vivian Romeu, *Lo estético en el arte. Un acercamiento al arte desde la comunicación y la Estética Pragmática*, portalcomunicacion.com, 2007.

En el toreo se aprecia y experimenta la composición, desde la individualidad de cada espectador —como espectador también se está creando, tejiendo una creación colectiva—, que se suma a la individualidad del matador, a su unión con el toro, lo cual se constituye *per se* en un objeto artístico. El toro es una obra viva producto de la ciencia, de la ingeniería genética, de la selección, de la intuición, lógica e intelecto del ganadero. Obra posible pero innecesaria. El matador la conduce desde su propia belleza interior —cuando la manifiesta es cuando decimos que hay duende o que alcanza un estado de gracia—, desde su coherencia. Ayudado por una técnica que también se manifiesta en la ingeniería de los trastos y que nos hace sentir, y también comprender el tejido de la red a la que pertenecemos y que nos conecta con los otros en el mundo, que nos permite re-conocernos, volver a conocernos desde una visión integradora, que es lo que también se conoce como sabiduría.

Sin embargo, en el tiempo que ha tomado hasta el momento esta reflexión surgieron también dos puntualizaciones más:

— Hay arte en el toreo. Pero no todas las tardes, ni con todos los toros ni con todos los toreros.
— La tauromaquia no necesita ser arte para justificar su existencia.

Anteponer el calificativo o atributo de arte en la actualidad puede comprenderse como el traje nuevo del rey. No hay tal. El rey va desnudo pero gracias a la palabrita «arte» la gente se permite acercar y observar sin culpa lo que de otro modo le produce una aversión o un rechazo, un juicio, una vergüenza o una culpa. Hemos pasado del fin justifica los medios al arte como disculpa y justificación, como parapeto y salvavidas, pues cualquier cosa bautizada como arte se puede tolerar y gozar, por ejemplo, la pornografía. Se pueden mirar el dolor, el sufrimiento, la sangre, la mugre y la muerte porque reciben el título de «gore» y eso nos exime de la culpa y la vergüenza de mirarlos con atención. En nombre del arte se le concede y justifica al iniciado, al artista, estar desconectado de los otros no iniciados o incultos, siendo el arte la mayor conexión imaginable en realidad.

En esta sociedad el arte no salva ni redime ni conecta porque no hay tal. Porque se ha convertido en un placebo, un producto más de la oferta de consumo cultural, un lujo costoso destinado a las elites que pueden pagarlo y que alcanza precios exorbitantes solo porque ha recibido el calificativo de «arte». Algunos artistas incluso se conciben a sí mismos como intelectuales de izquierda aunque aspiran a vender sus obras caras y al reconocimiento. Otros aspiran a sociedades igualitarias —que no necesariamente equitativas—, donde muy probablemente no podrían ser artistas, dado que no podrían crear libremente sino para un Estado o ideología. No tendrían becas, ni programas de apoyo, serían como todos los demás. A menos, claro, que su arte estuviera al servicio de un sistema ideológico y sirvieran de propaganda. El arte es hoy por hoy un producto para unos cuantos entendidos. El rey va desnudo. A muchos artistas e intelectuales les parece la tauromaquia de mal gusto, una vulgaridad, un salvajismo. Un arcaísmo condenado a desaparecer porque les huele a rancio, a antiguo, porque no es una vanguardia ni una novedad, porque exuda tradición.

Pero les tengo noticias: en una tarde cualquiera de toros hay mucha más emoción, estética, participación, goce, conexión, intervención en la naturaleza, interacción y humanismo que en muchas piezas artísticas, obras, *performances*, museos, galerías de arte contemporáneo… Y para participar de esta experiencia usted solo necesita valor, integridad y un boleto. La tauromaquia, por consiguiente, no necesita ser arte para existir. No necesita justificar su existencia.

III. ¿Antiespecismo vs. humanismo o antihumanismo *vs.* humanismo?

¿Planteamientos humanistas en los argumentos taurinos? Sí, los hay. ¿Planteamientos antiespecistas en los argumentos antitaurinos? También. La relación de los humanos con los animales es un apartado constante en la historia de las ideas y de la filosofía. Negar que los animales han sido utilizados y maltratados por el hombre a lo largo de la historia en distintas culturas sería, además de una mentira, un importante vacío epistémico para abordar esta polémica y polarizada discusión entre taurinos y antitaurinos. Existen innumerables ejemplos de ello, registros históricos, evidencias y documentos científicos que dan prueba de tan lamentable en mi opinión proceder.

Tan poco cuestionable como necesario es que nuestra relación con los animales, por su bien y el nuestro, tiene que seguir mejorando. Hace mucho que los grandes pensadores[46] se ocupan de comprender qué son los animales además de seres vivos —muchas veces a lo largo de la historia de la humanidad se ha planteado la discusión sobre si los animales tiene alma o no— y qué tipo de relación es la mejor que con ellos podemos sostener. Así que la idea de que esto es nuevo, reciente, o que obedece a un despertar de la conciencia, es errónea. Atribuirle una cualidad vanguardista es equivocado, pues *el venero preponderante del pensamiento animalista —el cual tiene sus antecedentes históricos en la idea iluminista de una fraternidad universal que trasciende las diferencias entre especies—, defiende la ampliación de la idea de «sujeto moral y jurídico del mundo humano al mundo animal,* según refiere Nicola Abbagnano, y además en ese orden de lo moral a lo jurídico. Pero hay un detalle que obstaculiza y frena esta ampliación pretendida por los animalistas: la moral no es universal, es relativa. Depende del lugar en que se habita y cambia de un lugar a otro, de una cultura a otra, pero es estática, rígida porque en cada sitio se habita de manera distinta. Lo que es moralmente aceptable en un sitio, será inmoral en otro. Y amoral es que carece de moral, que se encuentra al margen de. La naturaleza por ejemplo es amoral, los animales no humanos carecen de moral porque no se conducen bajo los principios de bueno y malo.

El término *especismo* fue acuñado por el británico Richard Ryder y aparece por primera vez como título de un panfleto en 1970 en que el autor seña-

---

[46] Lo hicieron Pitágoras, Plutarco, Porfirio o Aristóteles, entre otros.

la que se trata de una discriminación que establece una marcada diferencia entre la moral aplicada a los humanos y a los animales, pero es al australiano Peter Singer a quien debemos su primera definición formal. Existen dos corrientes que revisan el especismo, una es la suya, que se basa en el utilitarismo, y la otra es la del filósofo inglés Richard Regan, que tiene un fundamento iusnaturalístico.

Otra corriente emergente es el antiespecismo, cuyos orígenes datan también de los años setenta del siglo XX, pero que ha cobrado una relevancia y un impacto social más que notable. Enarbola la bandera de la igualdad entre animales no humanos y humanos que, al día de hoy, por más comentada, analizada, revisada, discutida, consensuada y promovida que esté, no cuenta con evidencia ni demostración científica que la respalde. El antiespecimo aún nos debe una prueba concluyente de que humanos y animales no humanos seamos iguales y por lo tanto tengamos derecho incuestionable a las mismas consideraciones morales, éticas, legales, jurídicas, etcétera.

Estos conceptos de especismo y antiespecismo surgen hace unos cincuenta años, y sientan las bases de la discusión actual también en la tauromaquia. La idea del especismo fue desarrollada por Singer en su obra «Liberación animal», en cuyas páginas define el término como: *Un prejuicio o actitud parcial favorable a los intereses de los miembros de nuestra propia especie y en contra de los de otras* (p. 28). Singer establece como fuente de igualdad moral entre humanos y animales la capacidad de sufrir. Para él, la única pregunta válida para determinar si los animales son sujetos de derechos y consideraciones iguales a las de los humanos no es la de si son racionales, o si pueden hablar y expresarse sino la que viene determinada por una grave pregunta: ¿sufren? Con anterioridad en este ensayo estuvimos revisando la distinción entre dolor y sufrimiento. Aun así, la naturaleza, en su equilibrio, otorga a los animales de presa o herbívoros umbrales de dolor distintos a los de los depredadores, pues mientras los primeros tienen altos umbrales del dolor los depredadores los tenemos muy bajos.

Es una armónica y equilibrada manera de compensar que unos tienen fuerza, garras, colmillos, rapidez, mayor cantidad de surcos en el cerebro, lo que denotaría un funcionamiento más complejo del mismo —caso de los depredadores— y otros son, por decirlo de algún modo, los débiles, a los que la naturaleza dota de muy altos umbrales del dolor. Independientemente de que los humanos se alimenten de éstos o no, lo hará alguna otra especie, y, en cierto modo, qué mejor que no les duela o que tengan como tienen esa asombrosa capacidad de bloquear el dolor en milisegundos. Aun entre los animales hay diferencias al momento de reaccionar ante el dolor y a la intensidad del mismo, pero, ¿vamos a tener después que distinguir también entre a quien le duele más y a quien menos? ¿Quién bloquea más rápido el dolor? El asunto se va haciendo cada vez más complejo, en tanto crecen el número de aristas en él y de puntos por explorar.

La postura frente a los animales de Singer ha suscitado mucho debate y no son pocos los autores que la han revisado, generando todo un galimatías de acusaciones de corte moral que citan una y otra vez la supuesta desconsideración de Descartes[47] para con los animales sin siquiera haberla corroborado ni mucho menos atendiendo a su específico contexto.

Muchos de los postulados que hoy son discutidos formal y académicamente en bioética, ética, filosofía, sociología o derecho se basan en la omisión de Singer: Descartes no niega que los animales sientan dolor o placer, su reflexión es que él duda —la duda cartesiana— que lo hagan igual que nosotros, los humanos. En otras palabras, *no niega el estatuto sintiente de los animales, sino que, en todo caso, rechaza que éstos tengan sensaciones o pasiones «como nosotros» o «como las nuestras»*,[48] y cuando se refiere a los animales como máquina no lo hace en el sentido utilitarista del que parte Singer sino que justifica su movimiento carente de anima (vida-alma), debido a la disposición de sus órganos aptos para ello.

---

[47] Peter Singer, quien afirma que, bajo la comprensión cartesiana, los animales «no experimentan ni placer, ni dolor, ni ninguna otra cosa» (Singer 2002, 200). En respuesta, Sergio García Rodríguez, *Descartes y el pensamiento animal: acciones exteriores versus acciones interiores*, Daimon, Revista Internacional de Filosofía, núm. 79, enero-abril de 2020, o los estudiosos cartesianos —Cottingham (1978), Harrison (1992) o Morris (2000)—, que han atacado la incorrección de dichas interpretaciones, poniendo de manifiesto que la propuesta cartesiana no niega el estatuto sintiente de los animales, y R. Vázquez y A. Valencia, «La creciente importancia de los debates antiespecistas en la teoría política contemporánea: del bienestarismo al abolicionismo», *Revista Española de Ciencia Política*, 42, pp. 149-166, 2016, Doi: http://dx.doi.org/10.21308/recp.42.06.

[48] Íbid.

Descartes[49] se equivocó al equiparar animales con máquinas,[50] pero también se equivocó en su manera de entender la circulación de la sangre y hoy nadie se lleva las manos a la cabeza ni se rasga las vestiduras por ello, ni se toma como una villanía contra la especie humana. En todo caso, es el pensamiento de Descartes, expresado en su Discurso del Método, no es el nuestro ni nos basamos en él para relacionarnos con los animales desde entonces.

Singer se sirvió de esta interpretación para justificar su argumentación en contra del utilitarismo al que consideraba que estaban sometidos los animales. Y es a él a quien también debemos que este reflexionar se discutiera desde la publicación de su libro.

El antiespecismo es hoy una corriente muy en boga, y más aún por su amplitud, razón por la cual se ha vuelto una especie de cajón de sastre en el que caben todo tipo de causas y luchas debido a que en sus múltiples definiciones, que siguen creciendo y convirtiéndose en una inmensa bola de nieve que avanza cada vez a mayor velocidad, se han ido incluyendo las palabras «clasismo», «racismo», «sexismo», «especismo» y otras muchas, que se hacen aquí compatibles desde una misma idea: discriminación y trato desfavorable.

Existen, por si fuera poco, muchos tipos de especismo y cada uno de ellos posee su propia defini-

---

[49] Henríquez, Rui, *Importancia de la distinción cartesiana entre el hombre y los animales*, Departamento de Filosofía IV, Universidad Complutense de Madrid, 2010.

[50] El Discurso del método surge también como una postura contraria a los textos de Sexto Empírico y Pirrón o los Esbozos pirrónicos.

ción, aunque la idea general se puede resumir en el abuso de unos individuos por encima de otros bajo la idea del antropocentrismo, lo cual tampoco es novedoso. La tradición del antropocentrismo es larga y renovada en tiempos modernos, sobre todo desde el siglo XV, en que desde una postura epistémica se consideró al ser humano como medida de todo, y desde una postura ética se defendió que los intereses de los seres humanos son los de mayor valía y consideración desde una óptica moral. Esta cosmovisión reemplazó a la teocéntrica medieval y fue la que propició el Renacimiento.

En el contexto actual, el antropocentrismo es entendido como una expresión de la limitada perspectiva humana, que favorece sus intereses por encima de los intereses de entidades no humanas. Es decir, la discriminación o el trato desfavorable de lo no humano por parte de lo humano. Sin embargo, el antropocentrismo también fue el germen del humanismo, la corriente filosófica que proponía una vida regida por una ética bajo la cual los seres humanos poseen la responsabilidad y el derecho de otorgar sentido y dirección a su propia vida. Esto solo es posible en el mundo tal cuál sin fabulaciones de lo que fue ni de lo que debiera ser.[51]

La discusión, entonces, podría no ser antiespecismo *versus* especismo, sino humanismo *versus* an-

---

[51] La Doctora Sehila López Pérez propone en su artículo «¿Qué es el antihumanismo?: Cuando una idea o pensamiento no se puede aplicar en el mundo que existe sin que ningún colectivo humano salga perjudicado, esa idea o pensamiento no es humanista, es dogmática, intransigente con lo humano (que siempre es lo concreto)».

tihumanismo. El antiespecismo, nombre que hoy se da al nuevo estructuralismo o, mejor dicho, desestructuralismo, que parte de una inexistente igualdad entre los seres humanos mismos y el resto de las entidades no humanas, de la que no tenemos evidencia alguna, es una clave esencial para entenderlo todo.

La grave inconsistencia del antiespecismo reside en negar las diferencias no solo entre humanos y animales, también entre los propios animales asumiendo que tienen sistemas neuroendocrinos iguales y que su reacción al dolor es también la misma.

Negar las diferencias es el vano intento de aplicar también una moral a la naturaleza, que es amoral y en la que también hay una actitud parcial favorable a los intereses de unos (los leones) en contra de otros (cebras, antílopes, ñus), luego tendríamos que consentir que se castigue al jaguar por comerse a un cocodrilo o a una serpiente por morder a otro animal que ni daño le hizo. La otra alternativa sería discutir si el derecho irremplazable a la vida aplica también para las plagas: ratas, cucarachas, termitas, o en función de que debamos elegir la vida de un animal por sobre la de otro, decisión que tomamos de manera indefectible los seres humanos, en virtud de nuestra facultad de elegir.

Este ideal de igualdad no solo es irreal sino contra natura, acentúa y agrava las desigualdades, propicia la inequidad y da lugar a injusticias, puesto que el primer acto injusto es poner en igualdad de condiciones a dos individuos diferentes.

Al asumir que no se debieran tener consideraciones por entenderlas como el reconocimiento de una desigualdad, los antiespecistas las asumen como falencias y no son tal. El reconocimiento de esas desigualdades como parte inherente de nuestra naturaleza, de la naturaleza de los animales, de los elementos constitutivos de una cultura, de las particularidades de una etnia, es la que posibilita la búsqueda y encuentro de un punto medio, lo que evita el devenir en radicalismos que nos enfrentan y dividen.

Caemos en el antropocentrismo de nuevo si seguimos negando las diferencias, al proponer que el trato digno para los animales sea el que se da a las personas —de nuevo el humano como centro y medida de todo—. Así, carriolas o cochecitos, botas, impermeables, se venden en las tiendas de mascotas, que elaboran comida vegana para carnívoros como perros y gatos bajo una perspectiva moral que atenta contra su óptima nutrición. Negar las diferencias es meter en un combo la lucha por la equidad de las mujeres, la de los de los derechos animales,[52] la de los discriminados por su preferencia sexual o religiosa, las de los que no son europeos, las de los que no son blancos…, y así podríamos seguir suma tras suma elaborando una lista interminable. Este ir a todas y a ninguna en concreto dispersa el impacto de la energía que a cada una de ellas se destina porque termina por repartirse entre todas otra vez en este afán de igualdad, pero es injusto porque quizá tienen más tiempo las mujeres luchando por su equidad, o son más en número que los que abrazan otra

---

[52] Hay una distinción jurídica y legal entre derecho animal y derechos de los animales.

causa y su esfuerzo se reparte por igual entre ese amasijo de situaciones homogeneizadas como si la victoria que se obtiene en alguna fuera transferible a las otras. No decimos que la lucha por la equidad de las mujeres sea superior o inferior a las otras, solo ilustramos el reparto desigual y ventajoso de concebir las causas en bloque.

Esto es consecuencia de intentar imponer a rajatabla una moral única, que además nos es ajena porque pertenece a otra cultura. Se trata de un intento en que se fracasa de forma sistemática porque no podemos ser quienes no está en nuestra naturaleza ser. Podemos ser mejores o peores, pero no seremos otros, aunque si podemos en cambio ser distintos, pero cuando se niegan las diferencias se torna difícil encontrar espacio para los que son diferentes.

Volvamos al terreno de la discusión entre taurinos y antitaurinos. Si partimos de que en el especismo se discrimina y se da un trato desfavorable a las entidades no humanas por parte de los humanos, al toro en la tauromaquia ni se le discrimina ni se da un trato desfavorable. Tiene una crianza que no tienen otros animales. Su destete es el más largo de todos los bovinos, pues puede llegar hasta los 18 meses. Disfruta de mayor extensión de tierra por cabeza. Su nutrición está en manos de especialistas. Su tiempo de vida también es mucho más largo que el de los otros bovinos. Su oponente humano no es superior. Se le reconoce inteligencia y capacidad cognitiva.

Si creen que se le aplica un trato desfavorable en sus últimos 20 minutos de vida, habrá que ponderar esto con los cuatro o cinco años de trato favorable que tuvo. En cualquier caso, el trato sería desfavorable si se aplicara a un depredador como nosotros, con umbrales del dolor bajos, no a un herbívoro que además posee un sistema neuroendocrino capaz de producir betaendorfinas doscientas veces más potentes que la morfina,[53] que posee una doble circulación coronaria y que además no es un depredador pero tiene astas o pitones que usa para cornear a otros toros o a otros animales, que pertenece al grupo de animales no humanos que matan a otros sin tener hambre, que no tiene piel sino cuero y de un grosor más denso, que pesa 500 kilos y se enfrenta a un hombre que pesa entre 50 y 65, que es conocido y reconocido como el rey de la fiesta, que ha sido venerado como un dios, que se considera un portento de la zootecnia, una joya genética que se cuida y valora, al que se procura no molestar... En resumen, no se puede afirmar que en esos veinte minutos esté disminuido ni en desventaja.

Aun con todo, los antitaurinos se enfrentan a los taurinos desde una posición de una «superioridad moral» que tanto critican en el antropocentrismo, poniendo su sensibilidad, su manera de pensar, su visión del mundo, su desconocimiento del mundo taurino, del toro, del campo bravo, del ritual, intentando imponer su moral de personas provenientes de geografías que ni toros tienen a veces entre su fauna, que carecen de un proyecto de conservación del toro y en sus peticiones solo contemplan la prohibición y la abolición, medidas que ellos aprueban sin considerar lo que queremos los taurinos, su de-

---

[53] Julio Fernández Sanz, *Descubriendo al toro de lidia. Auditoría de la corrida de toros a través de sus útiles*, España, Satine, 2021.

seo de prohibir las corridas de toros que consideran bondadoso, moral, racional, deseable, sus argumentos subjetivos, sus ataques a través de las redes sociales, sus burlas cuando un torero o subalterno resulta herido, sus insultos cuando mostramos nuestro gusto abiertamente...

Es decir, los taurinos somos discriminados por los antitaurinos, recibiendo de su parte un trato desfavorable debido a que por sistema y método ponen su moral por encima de la nuestra. Los taurinos somos una minoría compuesta por individuos que, además, pertenecen a las minorías que ellos dicen proteger: pues aficionados a los toros hay mujeres, niños, homosexuales, personas de múltiples etnias y razas. Se nos discrimina por nuestro culto al toro, es decir, por nuestras creencias, se atenta contra nuestro derecho a la cultura porque no saben que la tauromaquia también es cultura... Por tanto, los taurinos somos sujetos de discriminación, intolerancia, marginación, de que se cuestione nuestro buen juicio o capacidad intelectual... ¿Si todo esto aplicado a los taurinos se aplicara a cualquiera de los grupos que dicen proteger?

Es muy cuestionable su «civilizado» proceder contra quien no les hace daño. La pregunta es: ¿qué valores o amenazas percibe el mundo en la tauromaquia que la persigue de esa forma? Algo hay en ella que les inquieta, les molesta al punto de hacerles perder el respeto y la consideración por y para quienes gustamos de ella.

La supuesta superioridad del hombre sobre otras especies supone aceptar y considerar que lo que es necesario o provechoso para las personas lo es también para los animales, negando las diferencias entre especies. Para que esta postura fuera realmente equitativa y equilibrada, implicaría que el hombre aceptara su animalidad en armonía con la naturaleza. Para ello debería alejarse de las urbes, de la civilización, del internet, de los teléfonos celulares, fusionarse con la naturaleza, para pasar de apreciarla a través de las pantallas a experimentarla de manera real. Es decir, en vez de sacar a los animales de sus entornos y llevarlos a espacios urbanitas, tendríamos que dejar las ciudades, la civilización, para fundirnos con la naturaleza y coexistir sin restricciones, con todo lo que eso implica. De modo que tenemos requerimientos distintos y lo que a unos conviene puede no ser necesario o provechoso para otros.

Nuestros ámbitos urbanos son la sofisticación, evolución y desarrollo que tiene como origen la búsqueda de protección ante los depredadores, como ya estuvimos viendo. Hoy lo comprendemos como parte del proceso civilizatorio, pero conviene recordar, pues, que la casa, la habitación, es la forma evolucionada de la cueva, del refugio. Vivimos en casas para protegernos de las inclemencias del clima, de los depredadores. La naturaleza es bella y sublime, pero no es cómoda.

Negar la animalidad como una condición inherente a los humanos nos hace rechazar la naturaleza y concebirnos de una manera incompleta o equivocada, los humanos somos una más de las especies que conforman el reino animal. Por más que desarrollemos tecnología, que avancemos como civilización, nunca podremos eliminar nuestra parte animal porque eso sería tanto como despojarnos del cuerpo que tenemos.

El meollo del asunto es que, habiendo tanta información respecto al toro bravo, a las ganaderías, evidencia de la amoralidad de la naturaleza, se les ignora y se parte de supuestos falsos e irreales como la igualdad para atacar la tauromaquia. Esto se ve reflejado en la idea de que al ganado bravo se le puede tratar como al ganado manso, o en la sistemática negación de su bravura o cuando se refieren a él como indefenso por el hecho de ser un animal.

Hoy la comunidad taurina en el mundo es una minoría, conformada por unos pocos millones de personas. Se trata, recalcamos esto, de una comunidad no un colectivo. Como minoría, y además heterogénea, merece atención, protección legal y visibilidad, como cualquier otra. Eso es al menos lo que se desprende del sistema de protección a las minorías sustentado en el Derecho internacional. Pero es más, según el diccionario panhispánico de español jurídico, una minoría es un grupo de personas que expresan una común identidad basada en lazos étnicos, religiosos o lingüísticos y poseedores del derecho a afirmar sus características específicas.

En la página web de la Organización de las Naciones Unidas, en el apartado ACNUDH y las minorías, se lee: *Todos los países del mundo incluyen personas pertenecientes a minorías nacionales o étnicas, religiosas y lingüísticas, enriqueciendo la diversidad de sus sociedades. Las minorías enfrentan múltiples formas de discriminación que resultan en marginación y exclusión y en la Declaración de Derechos sobre las minorías aprobada en 1992, encontrará que contiene: un lenguaje progresista, en particular en lo que respecta a la participación de las minorías en la vida política y económica del Estado.* En dicho preámbulo se reconoce que la protección de los derechos de las minorías contribuirá *a la estabilidad política y social de los Estados en que viven* y, a su vez, *al robustecimiento de la amistad y de la cooperación entre los pueblos y los Estados.* Entre sus disposiciones sustantivas más destacables se encuentran las siguientes:

Artículo 1.1) *Los Estados protegerán la existencia y la identidad nacional o étnica, cultural, religiosa y lingüística de las minorías dentro de sus territorios respectivos y fomentarán las condiciones para la promoción de esa identidad.* [...]

Artículo 2.2) *Las personas pertenecientes a minorías tendrán el derecho de participar efectivamente en la vida cultural, religiosa, social, económica y pública. 3. Las personas pertenecientes a minorías tendrán el derecho de participar efectivamente en las decisiones que se adopten a nivel nacional y, cuando proceda, a nivel regional respecto de la minoría a la que pertenezcan o de las regiones en que vivan, de toda manera que no sea incompatible con la legislación nacional.* [...]

Artículo 4.2) *Los Estados adoptarán medidas para crear condiciones favorables a fin de que las personas pertenecientes a minorías puedan expresar sus características y desarrollar su cultura, idioma, religión, tradiciones y costumbres, salvo en los casos en que determinadas prácticas violen la legislación nacional y sean contrarias a las normas internacionales.* [...]

Autocrítica taurina: la tauromaquia no es la fiesta más culta de todas

Hace mucho que leemos y escuchamos que la fiesta de los toros es la fiesta más culta que hay como una afirmación categórica cuya pretensión reside en argumentar y abonar a la pertinencia de las corridas de toros. Esta afirmación fue realizada por Federico García Lorca en 1936 a Lluís Bagaría I Bou y publicada en el diario español El Sol. Conversando sobre el cante gitano y los toros, García Lorca declaró: *Creo que los toros es la fiesta más culta que hay hoy en el mundo. Es el drama puro, en el cual el español derrama sus mejores lágrimas y su mejor bilis. Es el único sitio adonde se va con la seguridad de ver la muerte rodeada de la más deslumbradora belleza.*

Lorca comienza con «Creo», lo que ya de por sí basta para desechar la afirmación como sentencia o argumento, pues se trata de una opinión y admite con el uso de este verbo la posibilidad de estar equivocado, no estar en lo correcto o no poseer la verdad en su totalidad. Pero no olvidemos que Lorca era un poeta y la poesía es a veces el lenguaje cifrado del ser que habita nuestro cuerpo, que es bastante más complejo de lo que alcanzamos a dimensionar.

A pesar de su vasta cultura, no conocía todas las fiestas del mundo de 1936, y tampoco elaboró una tabla comparativa entre ellas, ni estableció qué elementos presentes en ellas denotaban mayor o menor grado de cultura. Hoy se conocen bastantes más fiestas a detalle, celebradas en los distintos países y aun así, no hay un estudio o análisis que nos permita conocer cuál de ellas es la más culta o en otro caso, la menos culta. ¿Es hoy la fiesta de los toros más culta que el Ramadán, el Hanukka o fiesta de las luces hebreo, las fiestas del día de muertos en México o la celebración del año nuevo chino…? Todas estas fiestas y muchas otras ya existían en 1936.

La frase la dice un poeta cuya herramienta de expresión es el lenguaje pero no lo usa en sentido literal o textual sino metafórico, porque si lo tomáramos literal nos encontraríamos ante una imposibilidad: «la fiesta» no puede ser culta, no es culta un adjetivo o atributo aplicable al sustantivo «fiesta». La fiesta no se cultiva a sí misma, la fiesta no se hace siquiera fiesta a sí misma; a la fiesta la hacen, la viven, la gozan o padecen, la experimentan, sus asistentes, ellos y otros la nombran «fiesta» que, si bien es un sustantivo, también es un calificativo. Sin embargo, los asistentes a la fiesta pueden ser tanto cultos como no.

Lorca puntualiza y acota su creencia: «hoy», y ese hoy se refiere a 1936, por lo que la vigencia de la afirmación tiene caducidad y pierde su intemporalidad. Es decir, cabe la posibilidad de que al año siguiente pudiera creer otra cosa. Por ejemplo, que no fueran los toros la fiesta más culta del mundo en 1937.

Sobre si es una fiesta o no, porque hay quien se opone a llamarle fiesta cuando lo es como hecho social, como repetición cíclica, como vehículo simbólico de expresión ritual, cuya contribución es la de crear comunidad, resignificar el tiempo y la demarcación del espacio que habitamos, a veces la crítica es que no puede ser una fiesta cuando hay presencia de la muerte, pero también en las festividades mexicanas de día de muertos hay presencia de la muerte, como en otras muchas fiestas, y eso no obsta para que sean «fiesta». Una fiesta es una transgresión del tiempo lineal[54] y un alto en la demanda de productividad, un rompimiento de la rutina aunque se celebre en días y horas precisos que se repiten a lo largo de los años y por ello se encuentran tan dentro del folklore de las distintas culturas. Su carácter ritual las convierte en un medio potente para conectar con la dimensión de lo sagrado. Para José Ignacio Homobono, autor especializado en el concepto de fiesta barroca, la resultante de fiesta, ritual y símbolo es una epifanía de la identidad, y reconoce en la fiesta el poder de reconfigurar la realidad. Resulta comprensible que a la modernidad, a la sociedad del cansancio de Byung Chul Han, la fiesta le resulte chocante, prescindible y ociosa porque rompe con la monotonía de lo cotidiano y establecido. No en vano vivimos una sociedad tan conectada como incomunicada, o ese es el ideal. Muchos con un teléfono móvil, la mayoría con acceso a internet, bombardeados con una visión de perfección deseable y consumible. Un mundo en que, dicho de algún modo, no se permite levantar la vista, conectar con otros, dado que la tarea es consumir información para mayor gloria de una sociedad controlada y perfecta que alimenta su narcisismo e impone a las personas la sujeción voluntaria a un conglomerado de premisas y posturas ajenas a su realidad, a su cul-

---

[54] La fiesta es un intervalo o *impasse* entre las labores y los afanes para mirar al cielo, para buscar y encontrar la presencia de los dioses y recordar que también es un tiempo sagrado.

tura, en nombre del progreso. Es en parte lo que también llamamos «pensamiento único».

Pero no es culta ni mucho menos *la más* culta. La fiesta del mismo modo en que tampoco puede ser cruel, dejando de lado la expresión metafórica del poeta, pueden ser cultos los asistentes a dicha fiesta, pero no es atributo que obtengan por el solo hecho de asistir o participar de ella. Lo serían si se cultivan, se instruyen se informan y si demuestran que conocen una variedad de temas de manera profunda y no superficialmente. No todos los taurinos son cultos, ni lo serán por el mero hecho de asistir a una corrida de toros o a cien incluso. No lo serán mientras no reconozcan como tauromaquia las distintas expresiones y manifestaciones de culto al toro y en su esquema reducido y lineal tauromaquia será únicamente lo que sucede en una plaza de toros negando así la trascendencia de los festejos populares. No lo serán mientras mantengan esa profunda división al interior y se afanen en tener razón.

Un aficionado entendido no necesariamente es el que lleva más tiempo asistiendo a la plaza, el que tiene más años de afición, el que asiste a corridas en plazas de primera, de segunda y de tercera, el que sólo asiste a una de éstas, el que se ha leído más de cinco mil libros taurinos, el que escribe para un periódico o revista, el que se junta con toreros, ganaderos o empresarios, el que ha presenciado corridas en distintos países, el que sabe de encastes, el que se dice torista o el que conoce los nombres y cargos en el mundo taurino. Tampoco es el que domina los datos y fechas, pero desconoce los contextos, ni lo es el «purista,» ni el ortodoxo, ni el que se opone a los cambios —si conociera de la historia de la fiesta sabría que «han cambiado el gusto y las exigencias del público; ha cambiado el toro; ha cambiado la manera de torear; ha cambiado el papel de la fiesta en el contexto social; ha cambiado el mundo en general... Y la fiesta de los toros no ha podida permanecer ajena a todas esas transformaciones».[55] Porque la tauromaquia por su propia naturaleza está íntimamente ligada a lo social. No es un ente aislado, ni se produce en una burbuja fuera del tiempo... Un aficionado entendido es el que entiende. Y para entender se necesita conocer, investigar, estudiar, aprender, formarse y, cuando se necesite, reformarse. Y eso sería un aficionado culto.

La fiesta se aprecia y se vive a través de la subjetividad no de la objetividad, por eso los emociona, los conmueve, los horroriza, los paraliza, porque asisten a contemplar cosas que a veces no pueden nombrar y no porque no existan, sino porque no hay palabras para enunciar tanta belleza. Estar abrumado ante la intensidad y hermosura del sentir, es lo que reconocen en los ojos de otros que como ellos asisten y se vuelven testigos de lo inefable.

Tengamos en cuenta que la fiesta de los toros recibe su nombre en la época del Barroco por contener los elementos de teatralidad, representación, reincorporación a su estructura del mito triunfal. La indumentaria para asistir a una fiesta no es la misma que para asistir a una reunión o al trabajo. Para una fiesta se

---

[55] Jacobo Cortines, «Sentir, pensar el toreo después de una lectura de *Sentimiento del Toreo*», *Revista de Estudios Taurinos*, núm. 31, Sevilla, 2012, pp. 153-180.

puede vestir de manera exagerada, y no es tanto porque se convierta el atuendo en protagonista, sino porque a través de él se diferencia el carácter de celebración en un tiempo extraordinario.

Los matadores y figuras del toreo de vez en cuando se enfrentan a toros en toda regla de lo que se considera un toro, mientras que los recortadores, los que corren los encierros lo hacen cada vez que se ponen delante de un burel, torean a cuerpo limpio que son los quiebros y recortes para evitar la cornada, ofrecen el pecho, el vientre, las piernas... Son toreros, aunque no sean matadores.

Aun hoy, gran parte de la literatura taurina adolece de fuentes y de investigación histórica, de verificación. Hay personajes famosos y míticos que no han existido. El grueso de su literatura: efemérides, fechas y biografías noveladas al por mayor y ni siquiera leen todos.

El mito triunfal ante la adversidad, el viaje del héroe, el sorprendente ir más allá de los límites de su corporeidad y acercarlo a los dioses a través de su intuición, de su genialidad, de sus acciones que superan su aparente pequeñez y convierten al torero en grande por sus hazañas, realizando acciones que otros humanos no podrían llevar a cabo para cumplir con un deber que beneficie a una comunidad. Aquel cercano a la divinidad que recorre un camino parecido al de los demás pero que por su disposición al sacrificio le hace merecedor de asistencia celestial, de más allá del cosmos, e incompresible a nuestro entendimiento, tras librar el peligro con inteligencia, gracia, emotividad, virtud, en un escenario, con música o musicalidad, en medio de algarabía,[56] expectación.

La fiesta, como las celebraciones en los tiempos originarios, procede del contexto religioso. La palabra latina *feriae* tiene un origen sagrado y significa el tiempo destinado a las acciones religiosas. *Fatum* es un lugar sagrado, consagrado a la divinidad, o sea, el lugar de culto destinado a la acción religiosa. La fiesta comienza donde termina el trabajo como acción profana (literalmente: que está ante el circuito sagrado). La terminación del trabajo, como víspera de la fiesta, anuncia un tiempo sagrado. Si se suprime esa frontera o ese umbral, que separa lo sagrado de lo profano, queda solo lo banal y cotidiano, es decir, el mero tiempo de trabajo.

La tauromaquia tiene un carácter festivo que procede directamente de la emoción que despierta en el inconsciente la conciencia de que la vida se puede acabar en un instante, algo así como la sobreabundancia de vida. Es en toda regla una fiesta, contiene incluso esas alusiones caballerescas y románticas que posibilitan una rápida e intensa exaltación de los sentidos y que se incorporan a las festividades durante el Barroco. En la fiesta taurina se celebra la vida, se reconoce la presencia de la muerte y se les respeta a ambas.

Para quien el ideal de vida sea no morir, es decir, vivir contra natura, una fiesta como esta resulta escandalosa porque se resiste a reconocer no solo su finitud sino la de los otros, la muerte le parece cruel,

---

[56] Para Han el tiempo de la fiesta no es un periodo de distensión o distracción.

la sangre lo interpela y le inquieta pensar en lo que está siendo su efímera existencia. Reconocer que se le escapa el tiempo de vida en cada suspiro le impide elegir, entregarlo durante el proceso de afirmación en la vida que es la respiración consciente. In-spirar, ir dentro, exp-pirar, salir de ti, y re-espirar, volver a ti nuevamente, inspiro, expiro, respiro y la vida se incorpora a nuestro existir. In-corporar, integrar al cuerpo, experimentarlo, reconocerlo y sentirlo, sin dejar de ser un ritual. Actualmente se practica la meditación Vipassana que consiste entre otras cosas en la disposición a sentir, a no resistirse al dolor, a incorporarlo; y se realizan también ceremonias con medicinas indígenas como el bufo, el kambó, la ayahuasca, que primero exponen al participante a experimentar una incomodidad, molestia, dolor, que se siente en el cuerpo físico como náuseas, mareo, vomito, sudoración, taquicardia... Se trata de reconocer eso que se resisten a ver porque les duele o desagrada para una vez que lo ven y le hacen un lugar, es decir, lo reconocen y dejan de negarlo, venga un estado de elevación que muchas veces se experimenta en el cuerpo emocional o mental como una amorosa conciencia de unidad, un pertenecer y reconocer que todo está conectado y que somos uno con el todo.

Esto mismo también se puede experimentar durante una tarde de toros, angustia, incomodidad, dolor, náusea, y, de pronto, la elevación del estado de conciencia, la conexión con los otros, patente y rotunda en un olé que sale de Dios sabe dónde al unísono de muchas gargantas que funcionan como si fueran una, en sincronía, el estallido de júbilo, el éxtasis, la introspección, el recogimiento, la paz. Seguramente los aficionados taurinos no están conscientes de que es una forma de meditar o de hacer ese viaje interno profundo tan intenso como el que se alcanza utilizando la medicina ancestral, pero sí podrán explicar el cómo se sienten después de asistir a una corrida y le sorprendería todo lo que tienen en común con quienes elevaron su conciencia de otra forma o con quienes sanaron mediante la asistencia a una ceremonia con medicina. A veces salen exultantes, felices, como flotando todavía sin poder ni querer «aterrizar» o volver a la normalidad, otras veces salen meditabundos, introspectivos, silenciosos y se apartan de todos para terminar de incorporar la experiencia vivida, otros escriben o reflexionan sobre su propia existencia, su ser en el mundo, porque a los toros se va a sentir. La disposición circular, el ruedo, la arena, la sangre derramada en la arena, abren un portal que se experimenta de manera colectiva y que no se puede nombrar. Es tan difícil de explicar y de ser comprendido por quienes no lo han vivido o experimentado como explicarle a alguien que no ha meditado sobre el nirvana.

Asistir a una corrida de toros, a un juego con toros, no requiere mucho más que disponerse a sentir, es una manera de orar mediante la entrega de nuestra atención. ¿Cuántos hay capaces de no mirar el teléfono mientras se desarrolla la corrida? De contestar una llamada o mirar un mensaje sin curiosear para ver «qué más hay»… García Lorca acierta al llamarla fiesta. Es una fiesta pletórica de símbolos y plasmada en rituales que acompañan la vivencia colectiva desde la propia individualidad, que reclaman —vuelven a clamar, a llamarles— el sentir de la comunidad.

La tragedia de que desparecieran las corridas de toros no reside en que se pierda una tradición, porque éstas van cambiando y mutando a través del tiempo, se suceden unas a otras y reflejan el cambio de la sociedad que las contiene; la tragedia sería perder un ritual más de los muchos que ya se han perdido, porque si se pierde un ritual, se pierde la identidad, la comunidad, el respeto por lo sagrado, el sentido de trascendencia. No es la sociedad la que contiene los rituales, los rituales contienen al mundo. Los rituales nos contienen y sin ellos estamos perdidos.

Sin los rituales no somos más que homo sapiens despojados de belleza, de gracia, de sentimientos y nos volvemos los entes densos que producen y consumen cotidianeidad. La reflexión de Lorca no es metafórica cuando le reconoce su carácter festivo.

¿Y QUÉ TAL SI ENTABLÁRAMOS UN DIÁLOGO TAURINOS Y ANTITAURINOS?

Para empezar tendríamos que dejar atrás las prohibiciones y abolicionismos. Esto va para ambas partes.

Es difícil ser autocrítico porque solemos percibir las críticas como ataque, se precisa valor para reconocer los propios fallos y además reconocerlos públicamente, es duro criticar lo que amamos y más todavía ser criticados por aquellos a los que amamos o dicen amarnos. Los usos y cambios del lenguaje y las palabras suelen entorpecer la comunicación más que facilitarla. La palabra «crítica» proviene del griego *kriterión*, la herramienta por la cual se puede conocer la verdad, de ahí que luego se convirtiera en una regla aplicable al momento de tomar una decisión, de elegir.

A menudo se utiliza la expresión con base en los criterios tal o cual y decimos *hemos determinado que...* Es decir, un criterio nos permite elaborar un juicio y ese juicio media o interviene al momento de hacer una elección o de fijar una postura. En la actualidad, también entendemos por crítica la búsqueda y observación exclusiva de las falencias, contras o defectos.

Los últimos 20 años hemos estado escuchando cada vez en más sitios lo que los antitaurinos tienen que decirle al mundo y concretamente a los taurinos sobre la tauromaquia: que no les gusta, que les parece salvaje o que la reprueban. Detengámonos en esta última: reprobar es volver a probar.

La primera pregunta pertinente a los antitaurinos es: ¿qué conocen de la tauromaquia, del culto al toro, del toro, de los aficionados?, pero es una pregunta que también deberíamos formular a los taurinos, porque no es fácil atacar lo que se desconoce y aún menos defenderlo si lo desconocemos. Los ejércitos, por ejemplo, suelen estudiar a sus enemigos pues la experiencia y la historia han probado que lanzarse impetuosamente contra lo desconocido suele traer resultados y consecuencias desastrosas.

Los taurinos suelen reaccionar ante un ataque antitaurino con una defensa limitada y endeble, porque esos ataques provienen no de bases racionales sino subjetivas y en las emociones no hay margen de error: lo que sientes es real, ya desde ahí la batalla se antoja perdida porque no se le puede convencer a otro de que sienta diferente, contra su percepción no hay nada que hacer, lo que sí se puede es mostrarle otra perspectiva, invitarlo a mirar desde otro sitio. Y este ensayo es eso, una invitación a escuchar lo que los taurinos pueden decir desde la razón y dirigido a su razón, porque de lo que sentimos ambos ya hemos hablado mucho y no logramos encontrar puntos de encuentro o de convergencia, y los hay.

En la mesa ni de toros ni de política ni de religión, decíamos en Desmontando mitos. Con esa máxima crecimos algunos, evitar esos temas a la hora de la comida para no causar conflictos. Muy mal visto era quien se atrevía a sacarlos a cuento en alguna reunión y pasaba también por una persona sin modales. Se trata de una creencia limitante porque usando las herramientas de la razón, el lenguaje y la evidencia, y con el respeto como valor universal, se puede tocar cualquier tema sin que por ello la conversación se convierta en enfrentamiento o discusión. Aquí hablamos de las corridas de toros, la fiesta de los toros, los juegos con toros, desde la objetividad, amparados en la ciencia, la razón, la evidencia y el lenguaje, porque resulta que ocuparse de cualquier tema con estas herramientas le ofrece la posibilidad de aprender, de obtener un conocimiento y, en el mejor de los casos, varios conocimientos entretejidos en la gran red del entendimiento.

A los antitaurinos y animalistas que se lanzan llenos de amor por el toro y los animales a atacar a los taurinos, les pregunto: ¿cuándo y a qué distancia fue la última vez que estuvieron cerca de un toro bravo? Porque decirme que sabe lo que el toro necesita cuando no ha visto uno de cerca, en su hábitat o a unos metros, me hace dudar de lo que afirman.

No se puede defender lo indefendible, hay mucho por mejorar en la tauromaquia. Tenemos mucho trabajo por delante. Incorporar, por ejemplo, nuevos adminículos que le causen menos dolor al toro o impidan que padezcan lesiones que luego puedan comprometer su movilidad. Tenemos que transparentar la verificación de edad y peso en los animales que llegan a las plazas, así como la revisión de astas y la integridad de las mismas.

Sería valioso integrar antitaurinos a estas verificaciones y pedirles que nos ayuden a que se cumplan los reglamentos taurinos, sumarlos a los procedimientos de reconocimiento y recepción de los toros en la plaza, invitarlos al campo bravo, dejarlos entrar a los análisis post mortem que se realizan a los toros después de ser lidiados si son veterinarios también. O que acudan a las tientas, a los herraderos. Trabajar en equipo con ellos, que nos acompañen y apoyen en la incorporación de mejoras y adecuaciones para que el toro conserve los requerimientos de bienestar animal al máximo.

Taurinos y antitaurinos estamos unidos por el amor y el respeto al toro, por una admiración hacia la naturaleza. A ambos nos interesa que el toro se presente y mantenga en óptimas condiciones hasta su salida al ruedo. Nos está faltando más investigación sobre las betaendorfinas que produce el ganado bravo, y mayor difusión de las investigaciones que tenemos. Se necesita echar mano de la evidencia, de las crónicas. Reconocer el patrimonio que supone y lo que ha sido nuestra afición, estudiar más tauromaquias, repensar el concepto de bravura. Abrirnos y reaprender la normativa taurina, revisar si admite reformas. Perder el temor a los cambios y reconocer que la historia de la tauromaquia es parte de nuestra historia como seres finitos y pertenecientes a culturas concretas. Nos enfrentamos al reto de reformarnos, es decir, volver a formarnos como aficionados y conocer más sobre el toro de lidia, sobre las implicaciones de las relaciones entre humanos que piensan y sienten distinto sin por ello enfrentarnos. Ocupamos mejorar nuestro uso del lenguaje. Tenemos la responsabilidad de aprender sobre la tauromaquia, su historia y transformaciones.

La historia del antitaurinismo es la historia misma de la tauromaquia, son dos caras de una misma moneda. Negar una de las dos es tener vista sólo una cara del cubo. Del cubo, porque ambas historias tienen sus muchas aristas y sus puntos de unión, son la misma historia contada por agentes distintos. Sin ir más lejos, la tauromaquia de hoy resulta inexplicable sin sus detractores del siglo xx, o de xix, o del xviii y podríamos seguir hacia siglos anteriores, pero sería también alejarnos mucho de la tauromaquia actual en cuanto a su forma y cánones.

Las corridas de toros no son del gusto de la mayoría, pero sí que lo son de una minoría conformada por millones de taurinos alrededor del mundo y no han logrado ser una afición libre de persecución o de señalamientos, pues a lo largo de la historia, en repetidas ocasiones se ha buscado prohibir los juegos con toros, el correr toros, el celebrar corridas de toros, participar en ellas, de ellas o consentirlas y en varias ocasiones se ha logrado, solo para que años más tarde volvieran o resurgieran. Sorprende que se estén criando toros en Irlanda en pleno 2023, que exista el club taurino de Tokio, el de Milán, el de Londres, que los chinos se interesen por la rentabilidad de los espectáculos taurinos, que existan más de 16 clubes taurinos y de aficionados prácticos en Estados Unidos; también sorprende que en Portugal se celebren corridas de muerte y que muchos de sus aficionados estén de acuerdo en que el toro muera en el ruedo.

Los taurinos somos también conscientes de la reducción y disminución de los espacios para las especies de animales salvajes o silvestres y del aumento o extensión de las urbes habitadas por los humanos y sus mascotas. Existen muchos más animales domésticos en el mundo en proporción con los que se cuentan en la fauna salvaje. Si los animalistas o ecologistas conocieran y reconocieran lo valioso que es el hábitat del toro de lidia para la fauna silvestre, lucharían codo a codo junto a los taurinos para conservarlo, ante las amenazas que enfrenta la vida silvestre.

En esta ocasión anclamos la discusión en el tema taurino, pero es válida para cualquier conflicto entre humanismo y antihumanismo, nuestra recomendación es que antes de emitir una opinión, reflexione. Pase los argumentos que le ofrecen por los efectivos y gratuitos filtros que son el lenguaje, la ciencia, la razón y la evidencia.

Hoy entre las quejas animalistas y antitaurinas no se reclama el peligro que representa para la vida humana el enfrentarse con un toro, porque ésta ha dejado de importar, lo vemos cuando ocurren percances y desgracias, personas que no asisten a la plaza o desconocen de la celebración se alegran de ello y lo cuelgan en sus redes sociales, hemos pasado del *me importa la vida del toro* también al *me impiden o me obstruyen a me molesta que existan, sufro con lo que imagino que ahí ocurre porque desconozco y no me interesa conocer.* Es decir, sufro a causa de mi imaginación y pido que se atropellen derechos o se sancione a los me hacen un daño que yo imagino que me hacen, porque me lo hago yo. Estos argumentos son los que esgrimen la cultura de la cancelación y la cultura woke.

Al mito o idea falsa de que taurinos y antitaurinos somos enemigos sin posibilidad de relación o de entendimiento se suma la primacía de «mi» sensibilidad por encima de la de otro y nos hacen creer que la resolución del conflicto reside en aceptar o rechazar una de las dos posturas. Sin embargo, la evidencia y los registros históricos nos muestran cómo sin taurinos los antitaurinos no tendrían razón de ser y como sin antitaurinos, cuestionándola, la tauromaquia perdería vigencia y la posibilidad para adecuarse a las exigencias del nuevo tiempo. La historia de la tauromaquia nos muestra una constante sucesión de cambios.

El antiespecismo materializado en políticas públicas es un tema que vengo siguiendo desde hace tiempo porque tengo hijos y esas políticas suelen colarse en mis temas de crianza. Me resulta alarmante y perturbador la rapidez con que esta ideología que parte también del supuesto de que los humanos apestan y son la plaga del mundo va permeando en la juventud a través de las «causas de moda» que se abrazan bajo el espejismo de un mundo mejor: más tolerante y civilizado, incluyente… Y lo que tenemos es un mundo más dividido y polarizado.

Da la impresión de que en su inconsciencia muchos se asumen cómo conscientes, «despiertos», sin reconocer que no puede haber despertar sin responsabilidad. Me asusta la buena acogida que el antiespecismo tiene entre intelectuales y artistas que lo abrazan convencidos de que los humanos tenemos que desaparecer para que desparezca «el mal en el mundo». Y antes de que se me acuse de especista me adelanto y me pongo una etiqueta: soy humanista, creo en la razón, en las ciencias como las matemáticas y la biología, como la física; creo en la filosofía, que la verdad es inalcanzable porque todos los seres que habitamos el planeta tenemos una parte de ella y es imposible conocerla al completo. Me irrita la idea de que somos víctimas perpetuas ocupando redención y sobre todo la manipulación de la buena intención de las personas para hacerles creer que las liberan al apoyar tanta causa que solo es un gran botín político, un gran mercado para colocar soluciones paliativas. Percibo con tristeza que la subjetividad va ganando terreno a la razón, a la objetividad y a la evidencia, un caldo de cultivo para los conflictos.

Me declaro enamorada de la vida en cualquiera de sus formas, respetuosa de la misma y de la individualidad, enamorada del misterio que es la existencia, devota del ritual taurino y los rituales en general. Redoblo la apuesta y confío en que seguimos avanzando por el camino de la integración. Reafirmo mi fe en el género humano, en el misterio y enigma que me resultan las personas, esos seres hermosos y complejos que oscilan ente lo terreno y lo divino con corazones que pulsan y en cada latido parecen decir: Yo soy.

Epílogo: ¿por qué soy taurina?

Hace mucho que me planteo esa pregunta. En primera instancia, porque quería tener argumentos contra quienes se me echaban encima tan pronto manifestaba yo mi gusto por la fiesta brava. En consecuencia, quería encontrar una justificación que me diera una respuesta contundente que terminara con las polémicas que desataba mi afición y me permitiera salir mejor librada porque en muchas oc   cuestionada de manera vent   personas que luego no me per   evantaban la voz o que esgrim   contrarios a mi afición sin siq   s minutos que yo les había esc   nomentos buscaba poder compa   aquellos que me importan y q   sentir y mi experiencia en la plaz   es permitiera «aceptar» la fiesta si   nte superiores a mí o más conscie   Quería encontrar palabras que me ayudaran a enunciar y nombrar lo que encontraba en la tauromaquia y que nada tenía que ver con crueldad o barbarie. Finalmente, buscaba responder a una pregunta todavía más esencial y que ya no tenía que ver con nadie más que conmigo.

Mi relación con la tauromaquia es estrecha y profunda. Tanto pensar los toros y antes tanto sentir la fiesta da como resultado un sentido de la vida totalmente taurino. La fascinación que siento por el toro bravo proviene de la dimensión táurica, del culto al toro, pero aterriza en lo taurino.

En mi casa de modo consciente casi no se come carne. Busco ofrecer a mis hijos fuentes alternativas de proteínas para enseñarles que existen más modos de nutrirnos que no son solo productos de origen animal. Tengo dos perras, dos gatas, un conejo y una yegua. Ninguno ha sido comprado, tres regalados y tres recogidos de la calle. No estoy a favor de la compra de mascotas, no concibo que se les compren a los niños mascotas a manera de juguete. Me molesta que se vendan estas tiendas animales como iguanas, serpientes, arañas, nutrias o hurones, o cualquier otro animal que no sea doméstico. En nuestra familia, la convivencia con nuestros animales es bastante sana. Lejos están mis hijos de una lógica de Disney que vende la idea de que los animalitos son los «buenos» y los humanos los «malos y tontos». Mis hijos saben que es insensato acercar la cara a los animales que no conocen, y tocar animales desconocidos sin antes dejar que los huelan o atosigarlos con cariños y ternura que los animales no piden y pueden tomar como agresión. Es tan frecuente ver a niños pequeños acercar la cara o manos a animales ante la mirada extasiada de los padres que luego suelen tornarse en indignación cuando el animal rehúye al niño, en el mejor de los casos, o lo agrede. Nos hemos olvidado de la biología y de la convivencia con la naturaleza. Los animales no se acercan la cara unos a otros más que en señal de pelea, con el cuello estirado, mostrando los dientes, quizá gruñendo... ¿Qué diferencia puede podría percibir un animal (caballo, perro, gato...) entre la actitud de un depredador y la de un niño que estira su cuello, muestra sus dientes en una sonrisa y se acerca a ellos con las manos-garras extendidas para acariciarlo? Ojo, papás.

Mis mascotas están esterilizadas, el conejo y la yegua, no. No son mascotas, son animales domésticos, que es diferente. La apuesta es por una convivencia respetuosa. Si humanizamos a las mascotas y los animales es muy probable que nos sintamos decepcionados o sorprendidos cuando muestren sus instintos. Menciono todo esto porque era parte de lo que me hacía preguntarme: *¿por qué soy taurina todavía?*, y en todo momento se me venía a la mente la siguiente respuesta: *porque la fiesta brava «es otra cosa»*.

No son pocas las ocasiones en que me han preguntado: *¿cómo te pueden gustar los toros? Eso es crueldad*, mientras quien pregunta degusta un buen filete de carne o unos tacos y, de paso, patean al perro que se acerca a mendigar comida. O que después de soltarme una cátedra de civismo y ecología para condenar severamente mi gusto por la fiesta brava, me dicen: *¿oye, no sabes quién querrá a mi perro? Ya me tiene harta, necesita muchas atenciones...* Y peor aún cuando les escucho decir que prefieren a sus perros que a los humanos (o a los gatos, o vaya usted a saber qué otro animal).

125

Con todo, comprendo que piensen así. Una mascota no te cuestionará, no tendrá una discusión contigo, no te hará ver que estás siendo intolerante o egoísta, o imprudente o necio con tus padres, tus hijos, tu pareja, tus amigos… No. Mientras le sirvas comida seguirá mostrando su preferencia por tí. En esta falsa idea de civilidad y convivencia armónica, los animales han sustituido a los humanos como proveedores de cariño, compañía y fidelidad. Es mucho más fácil convivir con alguien así.

Bueno, pues, el perro o el gato, o el conejo, o el cuyo o el pez o el hurón son también igual que los toros, seres vivos, y, sí, ocupan tiempo, atención, comida y espacio. El filete nunca llega por arte de magia al plato de quien se lo come.

Si algo muy claro me ha dejado mi afición por la tauromaquia, y lo reafirmo cada vez que voy a los toros, es un total respeto por la naturaleza y una conciencia de ser una con el mundo, una persona más en el mundo. Esa conciencia es lo que me hace seguir acudiendo a la plaza, es algo que definitivamente quiero transmitir a mis hijos y que comparto con ellos. En los toros, a diferencia de otros espectáculos con animales, no hay apuestas. El triunfador, más allá del premio, conserva su vida. Y no es poca cosa.

La fiesta brava no es para todos y tampoco tiene por qué serlo

Es innegable que una corrida de toros es violenta y, por lo mismo, no ha merecido, ni merecerá nunca, la aprobación general. Habrá quien la condene por considerarla una barbarie o quien la apruebe como un mero entretenimiento que sacia nuestra sed de violencia. Unos cuantos pueden entender su riqueza estética y los menos de entre esos, experimentarla. La violencia existe aun sin las corridas de toros y es falso que los países donde se practica la tauromaquia sean más violentos que aquellos donde está prohibida, como también vimos. Antes que condenarla o defenderla sin mayor argumento que nuestros gustos o prejuicios personales, la corrida de toros es un fenómeno que merece ser abordado desde su complejidad social, psicológica, simbólica y mitológica.

Lo específico de este espectáculo es que confina la violencia en un lugar, con una fecha y hora determinados: se acude a los toros como se acude a una cita o un ritual. Durante una corrida no se trata de representar hechos ficticios para provocar emociones reales —como ocurriría en el teatro—, sino de ordenar una serie de acciones reales, de acuerdo a un guión preestablecido, con el objetivo de generar un torrente de emociones reales. Más que de una representación, se trata de vivir una experiencia patológica, en el sentido etimológico de la palabra griega *pathos*, que significa «pasión» o «dolor»: una apasionada experiencia del dolor y de la muerte. Para transmitir hacia los participantes estas pasiones, la tauromaquia ha desarrollado un lenguaje propio que permea el idioma y en las artes: la pintura, la danza, la escultura, la literatura, la música, la arquitectura. Se trata de una práctica cultural conformada de diversos actos comunicativos que poseen un sentido de modo aislado y en conjunto, tal como ocurre con los signos o símbolos de un texto escrito.

Considerando lo anterior resulta sorprendente la ausencia de estudios más profundos sobre la tauromaquia. En esa dirección, sin embargo, hay que destacar el interés que el filósofo español José Ortega y Gasset demostró por la fiesta brava. Desde el mito religioso hasta el origen del toro en el reino animal, desde el significado de la fiesta en la idiosincrasia española, hasta las relaciones humanas con los toreros, y de todo ello se ocupó. Su posición ante la fiesta es muy especial si se tiene en cuenta, como él mismo lo expresó, que no era un «aficionado» a los toros. Pero dice: *He hecho con los toros lo que no se había hecho, prestar mi atención con intelectual generosidad, al hecho sorprendente de que son las corridas de toros espectáculo que no tiene comparación con ningún otro, son conocidas en todo el mundo y dentro de las relaciones de la historia española en los últimos siglos, significan una realidad de primer orden.*[57]

Considerando esta importancia de los toros en el mundo hispano, Ortega y Gasset lamenta que no se le haya dedicado el suficiente análisis como fenómeno cultural:

Sobre las «corridas de toros» se han publicado no pocos libros, algunos excelentes, producto de un esfuerzo meritísimo. Pero han sido compuestos desde el punto de vista del «aficionado», no del analizador de humanidades. Siempre sentí como algo penoso e indebido que no se hubiese estudiado con el mismo rigor de análisis que cualquier otro hecho humano éste que es de muy sobrado calibre. No es, pues, cuestión de afición o de desafección, de que parezca bien

---

[57] José Ortega y Gasset, *Sobre la caza, los toros y el toreo*, Madrid, Alianza, 1986, p. 120.

o parezca mal este espectáculo tan extraño. Cualquiera que sea el modo de pensar sobre él —y el mío es hasta ahora completamente inédito— no hay más remedio que esclarecerlo.[58]

La situación ha cambiado un poco: hoy hay una gran cantidad de textos publicados acerca de la tauromaquia o la fiesta brava. En su mayoría son biografías de toreros, estudios sobre la genealogía del toro bravo, descripciones sobre las corridas de toros, novelas, ensayos sobre su valor artístico, crónicas de festejos o análisis de la problemática que envuelve la fiesta. Y son pocos los textos que rebasan el plano meramente descriptivo o se concentran en defender o atacar su pertinencia social e incluso legal. Pero también existen textos que abordan sus aspectos rituales, su carácter festivo, el impacto colectivo que genera, el tipo de público que asiste.

La fiesta brava no se explica si no se admite su aspecto ancestral y cultural; si no se admite que el rito fue la antesala del culto. La cultura que ha arropado siempre el discurrir de la fiesta, da idea de su importancia y de su dificultad de entendimiento; los toros de Goya son diferentes a los de Picasso, y estos a su vez diferentes de los de Manet o Lucas Villamil.[59] La tauromaquia es ejercicio de múltiple comprensión. Puede ser admirada o criticada, pero sus componentes, ya citados, le permiten perdurar en el tiempo y generar ecos a su alrededor.

---

[58] Íbid.
[59] Andrés Amorós, *Toros y Cultura*, Madrid, Espasa Calpe, 1987 (col. La tauromaquia).

En este sentido, si consideramos, junto con Maurizio Ferraris, que un texto puede considerarse como *el prorrumpir de un momento vital (...) no solo, pues, como documento sino como activa y actual manifestación de la vida,*[60] entonces la corrida de toros puede plantearse como un texto o fenómeno susceptible de ser interpretado. Y no solo eso, es posible demostrar que se trata de un texto muy especial: uno mitopoético que no existe sino para ser comprendido al tiempo que se le descifra y se le goza, como nos sucede al leer la poesía.

La idea central de esta reflexión establece que la corrida de toros, tal como se practica aquí y ahora, como fruto de una tradición histórica, es la expresión ritual de un mito que manifiesta valores éticos derivados de esa visión trágica del mundo. Y la tragedia no es otra cosa que la resistencia del hombre a cumplir su destino, es decir, a morir. Los encuentros de frente con la tragedia, aquellos que se encaran con los dos ojos bien abiertos, nos pasman. Una obra estética que paraliza el entendimiento, tal como sugería James Joyce: *Una stasis estética, una piedad ideal o un terror, una stasis provocada, prolongada y al fin disuelta por aquello que yo llamo el ritmo de la belleza.*[61] Como un dato curioso, mencionaré que este autor hace varias alusiones a lo taurino en su obra *El Ulises*.

A los toros acudimos a presenciar una emoción trágica, paralizante, que se manifiesta mediante la

---

[60] Maurizio Ferraris, *Historia de la Hermenéutica*, 3a. ed., México, Siglo XXI, traducción de Armando Perea Cortés, p. 329.
[61] James Joyce, *Retrato del artista adolescente*, 6a. ed., Barcelona, Lumen, 1998, p. 245.

piedad o mediante el terror, entendiendo por piedad *el sentimiento que paraliza el ánimo en presencia de todo lo que hay de grave y constante en los sentimientos humanos y lo une con el ser paciente*[62] y por terror el sentimiento que paraliza el ánimo en presencia de todo lo que hay de grave y constante en los sentimientos humanos y lo une a la causa primera.

La fiesta brava nos enmudece y nos conmueve profundamente. Nos une con los seres pacientes que experimentan esa lucha entre contrarios, con el toro y el torero, y esta contemplación nos fortalece, nos regresa a lo esencial, nos invita a ser valientes y estar conscientes ante el *mysterium tremendum* del mundo, su inaccesible majestad, así como su energía, la *movilitas* de la naturaleza. El ritual taurino, ese teatro de símbolos paganos y cristianos, nos permite transformarnos. El conocimiento trágico es la revelación de la presencia divina en nuestra vida: La encarnación de lo divino en lo mundano.

Esos encuentros entre el azar y el orden, entre lo sagrado y lo profano, los tenemos cuando asistimos a una faena con la disposición anímica adecuada. En la estética no caben los juicios sintéticos a priori, solo se puede saber que algo es bello hasta después que nos hemos topado con él. Y nuestro interés por lo bello está sumamente ligado a nuestra facultad de desearlo.[63] Como un espejo en el que se refleja el mundo, en la tauromaquia todo aparece transformado en metáfora viva. El to-

---

[62] Ídem, p. 243.
[63] Ya lo explicaba Kant en su disertación sobre lo terrible de la belleza y en sus escritos sobre estética.

rero y el toro no son actores, sino ejecutantes, no fingen o pretenden el sacrificio, lo realizan. Cada faena es un poema en tiempo real de lo que sucede y un poema además, atemporal, de una tragedia que no ha sucedido y que está por ocurrir, que ha ocurrido siempre y que no dejará de repetirse.

Se trata pues de una celebración pletórica de simbología, y los símbolos no son un modo más hermoso o más poético de decir las cosas, sino el fundamento de todo cuanto es y el puente por el cual accedemos a lo sublime y a lo bello. El símbolo no se puede entender, surge en nosotros cuando se ponen en armonía el cuerpo, los instintos, la mente, los sentimientos. Cuando se puede poner un instante de orden en el caos.

La experiencia estética nos revela que eso que no existe «realmente» es lo que da sentido a nuestra existencia. El encuentro con lo trágico produce un sentido aterrador y sublime porque descubre lo vulnerables que somos ante la naturaleza.

La fiesta brava no puede descifrarse totalmente o de manera lógica, sino que debe conservar su misterio esencial para conmovernos. Cuando se analiza, quedan fragmentos, migajas que no hacen justicia al todo al que pertenecieron alguna vez. La faena es una propuesta de una poética de la existencia, es una afirmación de la vida, donde el peligro no desaparece, muy al contrario se muestra y nos encuentra bien plantados, dispuestos a superar el miedo y a exponernos por un instante de belleza.

La fascinación que ejerce en mí la tauromaquia no compete a la razón, sino a su hermana gemela la imaginación. Es una posibilidad de aprehender el conocimiento trágico mediante la contemplación de una obra estética. Como todo símbolo está en permanente construcción y se completa solo con la catarsis del espectador. Pocas cosas son tan bellas como ver al toro arrancarse al engaño, pegarse a él obsequiándonos con su nobleza, haciendo gala de su bravura y embestir una, dos, tres, cuatro y hasta cinco veces, seducido por la muleta que conduce el matador. Esta belleza, esta sonrisa de la naturaleza es la sobreabundancia de fuerza que no arrasa sino que avanza suavemente, nos hace sentir pletóricos. Recordemos que la belleza es, ante todo, una seducción para existir, de manera trágica, pero plena.

Toro y torero comparten un lenguaje que el matador tiene que descifrar para poder comunicarse y hacerse entender por el toro. Esta comunicación se manifiesta a través de una danza, se nos muestra como un baile, como una coreografía. Él usa sus conocimientos y su técnica, pero también sus intuiciones y sentimientos. La faena no podría ocurrir si el torero no sintiera un profundo amor por el toro, si no adorara en él toda su fuerza y belleza, si no reconociera la magnificencia de su oponente. Por ende, tiene que crecer durante la lidia y alcanzar su altura.

Hoy por hoy, no tengo la intención de justificar mi gusto por la fiesta brava, ni de convencer a nadie. Los toros me han dado la oportunidad de ver el mundo, de saberme viva y una con el mundo, por eso, lejos de atacar y cuestionar respeto profundamente la actitud contraria a la mía, saber que la vida pasa una vez y se va en un suspiro me ha hecho más tolerante y respetuosa de las ideas de otros. Porque si bien tengo la certeza de ser una con el mundo, también la fiesta brava me ha dado la certeza de que no soy la única, y de que no poseo la verdad. Estoy consciente de que hay otros que no piensan o sienten como yo. La diferencias no nos separan sino nos unen, cuando hay disposición y voluntad.

Soy taurina porque la fiesta brava me da la posibilidad de visualizarla no solo como una experiencia estética, sino como exigencia ética de vida. Que me vaya la vida en el intento por vivirla. La vida es tauromáquica. Y lo único que nos quita el poder de estar vivos, más aún de sentir que estamos vivos es el no saber que vamos a morir. Todos estamos en este paso por la vida solos ante el toro de la existencia.

La vida como la tauromaquia es una fiesta, con todo lo que ello implica: *irrupciones inesperadas, excepcionales que a veces no sobrevienen más que una vez,*[64] efímeras pero intensas ráfagas de placer y gozo que pueden dar sustento a toda una vida. En los toros aprendí a sentir y me di cuenta de que el dolor no es la única condición de la existencia, sino solo uno más de los tantos modos en que podemos sentirnos vivos. El dolor es solo una reacción. El sufrimiento, en cambio, es una elección. Yo hoy elijo la vida desde la conciencia y la responsabilidad, sin dejar de ser yo misma.

Amo lo taurino, y eso me ubica en el nivel de las personas que aman de verdad, que, por desgracia, son también hoy minoría, y así le va al mundo. ¿Son superiores? Con toda sinceridad, creo que no deberían serlo, pero sí lo son. Y en ellas radica el futuro de nuestra sociedad. Me siento una privilegiada por estar ahí, aunque sea la última de esa fila.

---

[64] Michel Leiris, *Espejo de la tauromaquia*, México, Aldus, 1998, p. 36.